AF473031

ÉLIE RECLUS

LE PAIN

Édition
de
La Société Nouvelle
—
1909

11, Rue
PARIS
28, Rue Vauquelin

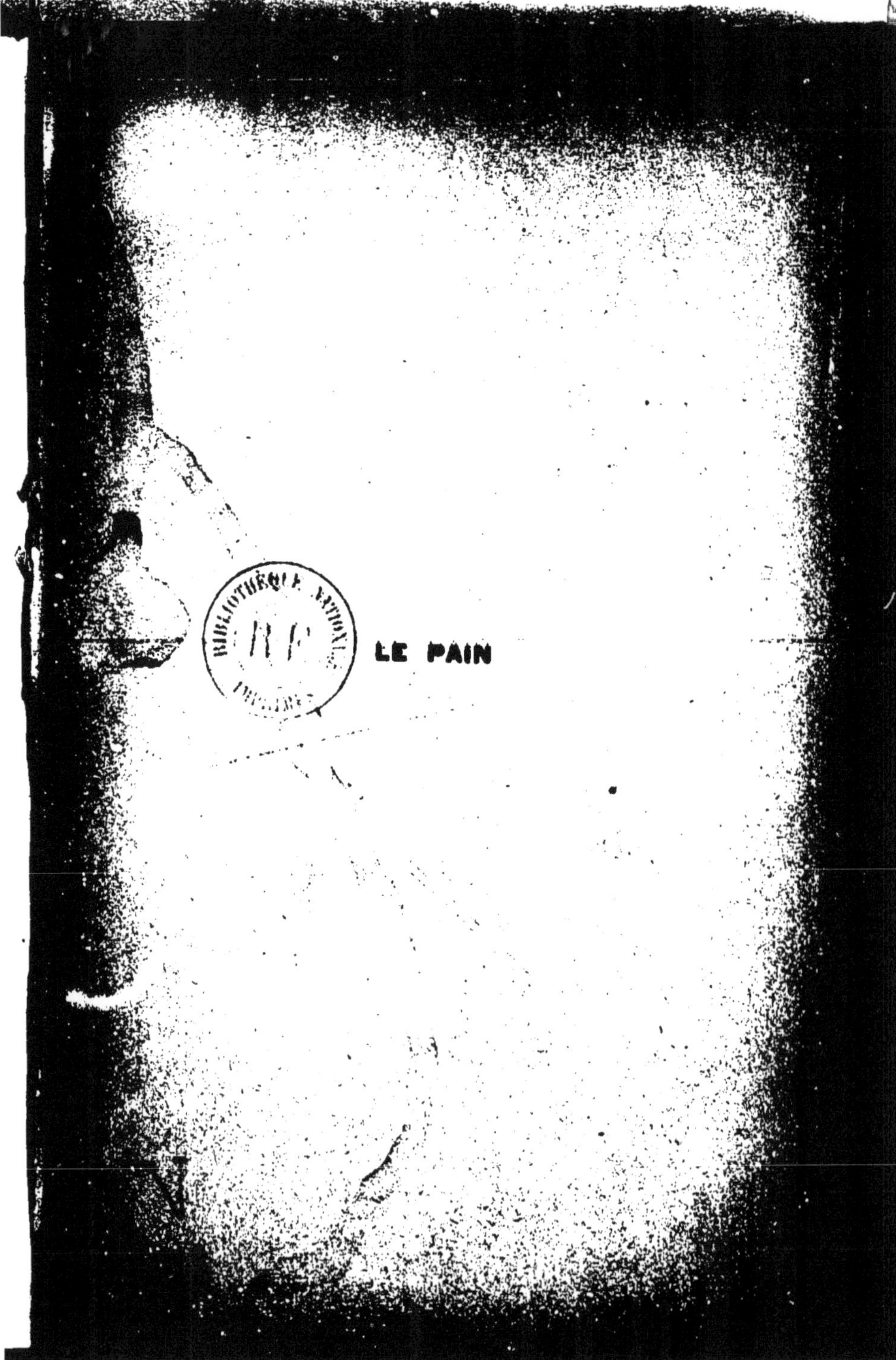

LE PAIN

ÉLIE RECLUS

LE PAIN

ADSIT MENS POPULIS

Édition
de
La Société Nouvelle
—
1909

MONS
11, Rue Chisaire
PARIS
28, Rue Vauquelin

I

LA CULTURE

Labourage, Semailles, Protection de la plante, Moisson et Engrangement (1)

Tout d'abord, il faut labourer le sol. La charrue qui, par elle-même, est un instrument sacré, voit ses vertus augmentées si on la munit d'un charbon qui a été retiré d'un « feu de Pâques » dont les merveilleuses propriétés sont connues de tous. Au moment qu'on va entreprendre les grands labours de septembre, avant que le soc ait mordu le sol, l'épouse du cultivateur partage un pain qu'elle a consacré, en quelque sorte, par des attouchements répétés à la charrue ; elle le partage équitablement, une moitié pour les bœufs, l'autre pour les chrétiens, et on le mange incontinent : c'est pour avoir le cœur à l'ouvrage. Les premières mottes sont ensuite saupoudrées de farine, puis on fait passer le corps de la charrue au-dessus d'un autre pain et d'un œuf. Pourquoi ?

C'est une manière de se rendre favorable par une première offrande les génies de la terre, et l'on fait savoir au champ ce que l'on attend de lui : de la farine et du pain en retour de celui qui lui a été présenté ; on veut du pain en abondance, on voudrait que les épis fussent tellement serrés l'un contre l'autre qu'ils ne laissassent entre eux aucun vide. Ne dit-on pas « plein comme un œuf » ? Déair extravagant, sans doute. On requiert l'impossible, c'est pour avoir le maximum, et tout au moins large mesure. On obtient toujours beaucoup moins qu'on ne demande ; il faut donc enfler ses prétentions en proportion. Il

(1) Le manuscrit trouvé dans les papiers de l'auteur commençait à la page 8. — N. D. L. R.

y a longtemps qu'on le sait, les modestes sont traités en gens médiocres, et même en pleutres. Il faut exiger trop pour avoir assez.

L'œuf et le pain sont ensuite enveloppés dans une serviette blanche par la ménagère qui les garde pour le premier pauvre que le hasard fera passer devant la porte. Car on n'ignore pas, dans les campagnes, que le Seigneur Dieu ne manque pas de ratifier les bénédictions qu'a proférées la bouche d'un malheureux.

Aucun soin n'a été épargné pour se munir de bonne semence. Elle a été prise dans la dernière gerbe que le paysan a soigneusement chargée de cailloux afin qu'elle donne des épis plus pesants, une récolte plus lourde ; ou bien encore elle a été cueillie dans les guirlandes d'épis enrubannés qui ont été laissés dans le champ, soit pour les oiseaux, soit pour les pauvres, soit pour les divinités rurales, et dans lesquelles les grains qui ont échappé aux moineaux porteront bonheur à la moisson future. La semence a été flambée à un feu de paille, afin que la rouille n'attaque pas le blé ; d'aucuns la saupoudrent encore de la cendre recueillie à un foyer de Pâques, et, par surcroît, la font bénir par le curé. Pour la maintenir pure et sainte, ils l'ont gardée dans une toile qu'ont filée des fillettes au-dessous de sept ans, dans des sacs recélant un objet métallique, une pièce d'argent, un brimborion d'acier. Au grand repas de Noël, les gens entendus servent sur ce sac le pain de la fête afin que la bénédiction du pain se transmette par contact à la toile, et de la toile aux grains qu'on y déposera.

Il n'est pas indifférent de procéder aux semailles à toute heure et en tout jour. Il est de science vulgaire et universelle que les plantes telles que nos graminées, dont le « fruit » est aérien, doivent être semées en « cours de lune » et spécialement au second quartier, tandis qu'il faut semer « en décours », et spécialement au dernier quartier, celles comme le navet, l'oignon et la pomme de terre, dont la récolte est souterraine. Cela se comprend facilement : le soleil présidant au jour, et par conséquent à tout ce qui est au-dessus du sol, la lune présidant à la nuit et à ce qui se cache dans l'intérieur de la terre, l'un ou l'autre de ces astres ne saurait protéger la naissance et les débuts de la plante qui ne naît point sous ses auspices.

Corollaire : le « fin laboureur » ne sèmera point par un jour dans lequel la lune est en même temps que le soleil visible au-dessus de l'horizon. Qui ne devine qu'il faut éviter les conflits de juridiction entre les puissances supérieures ? Et la jeune plante, hésitant entre les influences contraires du jour et de la nuit, ne saurait trop de quel côté diriger ses énergies : vers le haut, vers le bas ?

C'est une curieuse prescription que celle faite au semeur de mettre son ombre derrière lui. Nous supposons qu'il faut en chercher l'explication dans le respect qu'il serait impie de ne pas témoigner au soleil. L'homme qui verrait son ombre marcher devant lui tournerait le dos au dieu du jour, aurait l'air de mépriser sa lumière. Habile autant que dévot, notre laboureur modèle s'en gardera bien et, d'un geste qu'on peut interpréter comme celui d'une offrande, il éparpille sur les sillons un grain que viendra féconder la pluie d'or de Jupiter qui tomba jadis sur Danaë. Les deux jets se heurteront et se pénètreront : celui des rayons, celui de la semence. Et la même idée de respect au Seigneur des cieux nous paraît rendre compte d'une prescription en apparence tout opposée. Après mille labeurs, au moment suprême, quand le froment a été dépiqué et qu'il ne reste plus qu'à le vanner pour l'ensacher, il faut le lancer dans le sens de la course du soleil. Ce qu'il vous donne après tant de prières et d'instantes supplications, il ne faudrait pas avoir l'air de le lui jeter à la face et dans une attitude hostile.

Une tradition, qui doit remonter à la plus haute antiquité, prescrit au laboureur de vaquer aux semailles la nuit, tout nu, sauf un anneau d'or porté à la main gauche.

— Pourquoi cet anneau ? demandons-nous.

— Effet de sympathie, expliquent les paysans. L'anneau communiquera aux blés mûrissants sa belle couleur d'or qu'ils disent, au moins en Syrie, être aussi la plus belle que l'homme puisse avoir.

— Et pourquoi la nuit ?

— Nous répondons pour les paysans que la nuit, mère du jour, est de toutes les divinités la plus auguste, selon toutes les cosmogonies. La plus ancienne sera aussi la dernière, et tout ce qu'elle a vu naître, elle le verra mourir à la fin des temps. Un acte n'a pas le même caractère selon qu'il est accompli de jour ou de nuit ; tel qui, sous une lumière indifférente et crue, se confondrait avec les « choses de tous les jours » serait investi par les voiles de la nuit de la solennité sainte et de la paisible grandeur qui la caractérisent. Rappelez-vous les vers de la *Prière pour tous* dans les *Feuilles d'Automne :*

> ...Prions... Voici... la nuit grave et sereine,
> Le jour est pour le mal, la fatigue et la haine...

Passons pour le moment sur la question de la nuit ; mais pourquoi la nudité ? « C'est que la nudité enveloppe l'homme d'un reflet de lumière et d'innocence ; la robe blanche des mariées ou des communiantes n'est pas même l'équivalent de ce vêtement immatériel et sacré. »

Toutefois, ces explications, les premières qui se présentent à l'esprit, restent vagues, n'ont rien de topique. Elles sont manifestement insuffisantes. Des réflexions plus approfondies font deviner que le rite qui nous occupe symbolise très curieusement l'acte de la génération. Le semeur de blé est persuadé qu'il doit imiter l'émission de semence humaine, l'acte de la plus haute magie qui soit au monde. Nouveau Triptolème, il jette sa semence dans le sillon trois fois retourné, il féconde la Terre, la grande Demeter.

— Mais, s'il est vrai qu'en cette circonstance solennelle le laboureur représente le dieu solaire, comment n'opère-t-il pas de jour ?

— La difficulté est réelle, mais une hypothèse des plus simples l'aplanira, nous semble-t-il. A l'origine de la coutume, on semait en effet de jour et sans vêtements. Mais avec le progrès des temps, le symbole perdit de sa clarté, d'autres idées surgirent et la nudité parut inconvenante. Pourtant le précepte légué par les anciens était formel et précis : pour semer il fallait se mettre nu. Comment concilier ces prescriptions contradictoires ? Un biais se présentait, innocent et de compréhension facile : on sèmerait tout nu, mais de nuit. — Il fut accepté. Les coutumes passent ainsi par une série de transactions qui, lentes et insensibles, mais constantes, finissent par dénaturer leur caractère initial, et souvent même par leur donner une signification tout à fait opposée.

Cette interprétation, nous la croyons confirmée par le fait que l'épouse du cultivateur, de son côté, se gère en Cérès et la personnifie. Le jour des semailles, elle revêt ses habits de fête, son linge le plus propre et, circonstance qui n'est point insignifiante, elle se met au doigt l'anneau du mariage, toujours pour mieux faire mûrir les blés, explique-t-elle.

Du reste l'affirmation d'un rapport intime qui existerait entre la vitalité du semeur et celle de ses semences n'est point une simple hypothèse dans la magie populaire, mais une certitude bel et bien prouvée. Quand meurt le chef de famille, le fils aîné, qui lui succèdera dans l'auguste fonction des semailles, se rend au grenier et signifie le décès au tas de blé à droite, au tas de blé à gauche ; il touche le blé, il touche le seigle, l'orge, l'avoine, toutes les semences l'une après l'autre et, selon leurs espèces, en répétant la formule : « Le patron est mort, le patron est mort... » Ceci nous ramène aux époques, déjà bien éloignées, dans lesquelles le patriarche laboureur était le maitre des sacrifices, le prêtre du culte domestique, le serviteur et ami des ancêtres, dieux de sa race. Les traces ne sont pas si effacées qu'on le pense.

Les vieilles gens de la Bohême se racontent mystérieusement que jadis on procédait ainsi aux premières semailles.

A la nuit, tout le village en procession suivait la charrue avec laquelle on allait ouvrir le premier sillon. Derrière l'instrument marchait une fille toute nue qui portait dans ses bras un chat noir, noir comme la nuit, et qui avait au cou un collier avec un cadenas. Arrivé à destination la charrue faisait sa première morsure. Les laboureurs, armés de pioches, l'élargissaient et l'approfondissaient, creusaient une fosse dans laquelle la fille jetait le chat tout vivant que l'assistance recouvrait de terre, trépignant ensuite dessus.

Assurément, « au bon vieux temps », la fille était jetée dans la fosse avec son chat. Nous avons ici un souvenir des sombres et sanglants rites agricoles, si répandus autrefois et dont il y a un autre exemple dans les atroces meriahs de Fari-Peymoun, la déesse de la Terre, sacrifices humains qui ont donné une triste célébrité aux Khonds d'Orissa, dans l'Inde. C'était pour rendre la glèbe plus apte à être fécondée qu'on y enfouissait la vierge vivante ; c'était pour communiquer au sol les vertus fécondantes qu'on y étouffait le chat, diminutif des lions de Cybèle, le chat, animal démonique, compagnon inséparable des sorcières.

Le semeur est un personnage de bon augure ; il assure le pain à ceux qu'il rencontre, mais la haute importance de ses fonctions, l'incertitude des résultats lui imposent réserve et gravité. On a vu tant de fois ceux qui riaient en ce moment solennel pleurer lors de la moisson. Par contre : « Qui seminant in lacrymis, in exultatione metent. Euente ibant et flebant, mittentes semina sua, veniestes austem venient cum exultatione portantes manipulos suos. »

Pendant qu'il célèbre le grand mystère agricole, le semeur tient trois grains de blé sous la langue. Vous ne devineriez pas pourquoi. C'est afin que les oiseaux ne se jettent pas sur la semence qu'il vient de répandre ; et afin d'être moins tenté de rompre le silence qui lui est imposé rigoureusement. Il ne répond point aux paroles ni au salut qu'un passant maladroit lui aurait adressés. Pensez donc ! L'âme de cet homme, toutes ses facultés doivent être tendues sur le grand œuvre, dans lequel toutes les méprises seraient fatales. Si voulant semer de l'orge, il semait trèfle ou seigle, un membre de la famille ne manquerait pas de mourir dans l'année, et lui même serait emporté s'il négligeait de couvrir une des planches qui attendent la semence. Saviez-vous que la terre fût si susceptible ? La connaissiez-vous colère et rancunière à ce point ?

***

Toujours prudents, les Romains avaient confié à des divinités spéciales la garde et la protection de la précieuse graminée à toutes les crises de son existence. Seja veillait à la semence, Patelana à l'ouverture des feuilles, Laturnus à la plante quand elle se fait laiteuse, Nodotus quand elle noue, Volutina quand l'épi grossit, Hastilina quand les barbes poussent, Flora au moment de la floraison, Segetia au faucillage, Rancina et Futilina à la récolte et l'engrangement. Chacune de ces divinités prenait possession de son office par des cérémonies particulières, dont on retrouverait, sans doute, maint débris dans nos campagnes. Dans le canton de Vaud, le soir des *alouilles*, ou du premier dimanche de carême, on voit des brandons allumés sur les hauteurs. Des perches recouvertes de paille tortillée flambent partout dans la nuit noire ; on dirait la danse folle des peupliers qui auraient pris feu. Naguère les paysans français couvraient leurs emblavures en agitant des bourdes enflammées. Les rustres d'Allemagne parcourent les champs sur un char dans lequel flambe un feu qui « éveillera » la plante naissante ou bien, pour l'*éclairer,* gars et garses s'esbaudissent la nuit à travers les jeunes pousses, allant de ci allant de là, agitant des branches flambantes.

Ces feux qu'on promène, autant d'imitations du grand feu de Pâques qu'on allume sur les collines et dont la bienfaisante influence s'étend aussi loin qu'on en voit briller la flamme. Aux veilles des fêtes de l'Eglise, on tire le fusil au-dessus des blés, histoire d'encourager la pousse.

Comme le feu sacré, l'eau bénite a ses vertus, surtout celle qui a été consacrée pendant la messe des Trois Rois.

Et les cloches... N'oublions pas les cloches, que le prêtre doit faire sonner dès qu'un orage s'annonce ; sans laquelle précaution le Diable grêle le blé, écrase les moissons et les met en chapelis.

Les trois jours qui précèdent l'Ascension de Notre Seigneur ont été par l'Eglise mis officiellement à part pour les Rogations. Avec cierges, encens, litanies et Sainte-Hostie, la procession fait le tour du village, implorant sur les blés la bénédiction du Très-Haut. C'était une fête payenne, qu'il a suffi de légères modifications pour christianiser. Le vendredi saint avant soleil levé, le laboureur prend son fléau en main et parcourt les champs, frappant ci et là, disant certaines paroles qu'entendent mulots, rats et taupes : pris de peur ils vont chez le voisin, qu'ils y restent ! Bon débarras !

⁂

En Allemagne, et principalement chez les populations d'origine slave, les influences hostiles à la céréale, telles que la rouille et la nielle, les vents secs et froids, ont pris corps, ont revêtu des apparences plus ou moins fantastiques, une forme tantôt masculine, tantôt féminine : le Faucheux ou la Bloyère, la Grange aux Orges, la Mère aux Bleuets ou aux Pois, la Grand'Man aux Seigles, la Mémé, la Selvage, la Lice ou la Laie, la Bique aux Avoines et autres sobriquets. Les épis ondulent à la brise, décèlent sa présence. Invisible au commun des mortels, quelques privélégiés l'ont aperçue, califourchant un loup décharné ou quelque cavale échevelée et ratelant les épis qui se flétrissaient sous ses longs doigts de feu. Les enfants qu'elle attrape aux blés, elle les attettine à ses noires mamelles au bout de fer rougi, il en goutte du poison qui les fait languir et mourir. D'autres fois elle les emporte, laissant à leur place d'affreux poupards, gros de tête, de ventre, grêles de bras et jambes, goîtreux et lourdauds, pleurards et braillards, qui mangeant toujours, ne sont jamais rassasiés, auxquels rien ne profite. La Boelima zurichoise qui hante les rochers de l'Utli emporte les marmots dans son sac de cuir et ne leur donne à manger dans sa caverne que du pain fait avec de la sciure de bois et les papillotes tombées de l'établi du menuisier. Tout autrement terrible, la Ploudniza ou la Pschipolnitza des Moscovites apparaissait à midi, à l'heure des coups de soleil, sombre et affligée, vêtue comme une veuve en deuil : au moissonneur qui ne tombait tout aussitôt la face en terre, le spectre cassait bras et jambes. Sous la forme de « Louve des Seigles » elle battait en retraite devant la faucille, pas à pas, et finissait par se réfugier dans la dernière gerbe appelée le Loup par les paysans. Elle s'y cachait invisible et intangible, se laissait emporter dans la grange. Mais dès qu'on déliait la gerbe pour la dépiquer ou autrement, elle reprenait la clef des champs et allait recommencer sa belle vie. Cette funeste habitante des blairières et seiglières, nous la prenons pour une ancienne divinité agricole que l'invasion chrétienne a renversée de son trône d'épis, la transformant en louve enragée, épouvantant les marmots. Jadis souriante mère de l'abondance, elle était la Flore germanique, la blanche Horsel se cachant dans les blés et les gerbes, Perachta aux mamelles d'acier, *Bertha mit der eisernen Zitze*, dit-on encore en Bavière : dégradée, outragée, vilipendée, elle a été rejetée parmi les diablesses d'enfer.

Comme on ne pouvait décemment pas l'expulser des blés, son antique demeure, les moines qui instruisaient son procès ont prétendu qu'elle brûlait les tendres pousses, qu'elle décimait les épis et causait la famine, la famine qui a la Louve pour symbole. Lentement la Vierge Marie accapara sa succession et sut se faire si bien accepter comme la patronne de l'agriculture que, dans la Franconie, on voit fréquemment les paysans de confession évangélique porter d'abondantes offrandes à son autel le jour de sa fête et de l'Assomption. La période de l'Assomption aux Quatre-Temps, soit du 15 août au 15 septembre, est dénommée les « Trente jours de Notre-Dame ». Après les ardeurs de la canicule, une chaleur égale et douce mûrit les fruits, la nature sourit à l'homme ; il semble que les vertus bienfaisantes des végétaux soient à leur maximum, et les malfaisantes au minimum.

La confusion vraiment inextricable de cette partie des légendes pagano-chrétiennes trouve une autre expression en Sainte-Lucie, une grande fillasse aussi mal fagotée qu'on peut l'être dans une botte de paille, à tignasse ébouriffée, qui apparaît pour donner le fouet aux petits polissons et, par exception, une galette aux enfants bien sages.

Filles de la Louve et de la Bloyère sont les paysannes, disons les sorcières, qui, à la Walpurgis — autre nom de la payenne Bertha — se lèvent au petit jour, pour soutirer dans leurs propres sillons le produit du travail des autres, disant en leur patois des paroles de magie noire, opération que les Romains appelaient *excantatio* et que leurs lois stigmatisaient sévèrement. Au champ du voisin elles prennent un épi qu'elles mâchonnent, dans le pré d'autrui elles font avec leur faucille trois signes de croix aériens et touchent trois herbes humides de rosée ou font le geste de les traire, elles articulent un charme lentement, posément, mais sans qu'on les puisse entendre :

Aiguaille, bonne aiguaille,
Goutte, goutte pour moi !
Une goutte de graisse dans la tige,
Une gouttelette de crème dans la tigette.
Goutte pour moi, goutte pour moi !

Puis, sans mot dire et sans regarder une fois en arrière, elles s'en retournent et vont dans leur étable passer leur main encore imprégnée de pollen sur la tête et sur le pis de leurs vaches, s'appropriant ainsi le rendement du champ qu'elles n'ont pas travaillé, et faisant passer dans leur ménage le profit du voisin.

L'autre ennemi des céréales, Pilwitz, le démon masculin, est une personnification évidente du mauvais œil, ou du guignon. En se posant à l'angle d'un champ avant le lever du soleil, on a quelque chance de le voir passer, mais il faut prendre ses précautions et se coiffer d'une motte de gazon retournée, ou bien d'une taupinière enherbée, mais sens dessus dessous, racines en l'air. Toutefois, ceux qui ont eu l'heur de naître à Quatre-Temps, ou en certains dimanches privilégiés, n'ont pas besoin de se donner tant de mal, car ils ont la faculté de voir les esprits, invisibles pour le commun des mortels, et de reconnaître les sorciers sous leurs multiples déguisements. Pilwitz travaille principalement au solstice d'été, à la fête des apôtres Saint-Pierre et Saint-Paul et pendant les vingt-quatre heures auxquelles préside Saint-Guy. Nous sommes fâchés d'avoir à constater que la réputation de ce saint va de pair avec celle de Sainte-Walpurga. L'un et l'autre sont accusés d'avoir noué des intelligences avec l'enfer, d'avoir des complaisances inexplicables pour toute sorte de vilains personnages avec lesquels ils se sont acoquinés. Circonstance remarquable : le son des cloches qui, en temps ordinaire, a la vertu de paralyser diables et sorciers aussi loin qu'il se fait entendre, double, au contraire, les énergies de Pilwitz, qui n'est jamais si remuant, si prompt à sa vilaine besogne que dans les moments pendant lesquels on appelle les fidèles à la messe et à la prière. Aussi plus d'un marguillier a été requis, à certains moments, de ne sonner de sa journée que l'indispensable.

Pilwitz nous est dépeint comme un long maigre, sec et ratatiné ; tantôt il chevauche un bouc noir, monture de ces espèces, tantôt il glisse dans les airs, jouant des pieds à la façon des vélocipédistes. Il prend un champ par le travers et, avec ses orteils allongés en faucille, il scie le blé par bandes, le cisaille par rangées. Le grain qu'il abat va se loger dans des « caches » à lui ou dans les granges des sorciers, ses compères. Car les sorciers ont avec Pilwitz les relations les plus intimes ; ils lui empruntent sa puissance et, parfois, jusqu'à sa forme, si bien que Pilwitz et sorcier sont devenus des mots synonymes. On raconte d'un vieux paysan aveugle qu'un jour il requit un de ses fils de le mener tout autour de certain champ de blé. Le jeune homme, qui se méfiait, conduisit le vieux dans une sapinaie attenante. Il ne remarqua rien de particulier, mais à son retour l'aire se trouva remplie d'aiguilles de sapin au lieu d'épis comme l'avait entendu papa.

Ces scélérats de Pilwitz sont obligés de se montrer quand, pour se défendre d'eux, on enfonce dans l'aire un coin de genevrier, bénit au dimanche des Rameaux ; bon gré mal gré, le sorcier fait alors son apparition pour vous saluer et vous demander de vos nouvelles, et qui voit-on le plus souvent ? Quelque voisin ou quelqu'un de cousinage. On a cru remarquer que cette espèce de gens avait fréquemment la tête chauve, haute et pointue. Si on appelle à voix forte et claire le « coupeu de blé » par son nom, il tombe en faiblesse, ou même raide mort. On vous recommande de battre du blé dans la nuit de Noël ; et d'y aller de bon cœur, le fléau frappera sur sa tête maudite. Pareillement le bon forgeron frappe au saint jour de Pâques trois coups vigoureux sur son enclume, c'est à l'intention du diable afin de river à nouveau ses fers dont les boulons, usés et fatigués par le service de toute une année, menacent de rompre et sauter.

A Pentecôte on exécute de véritables battues contre le Pilwitz et voici comment on s'y prend. Aux trois côtés des champs qu'on veut préserver, on plante des croix, sur lesquelles on promène son index trempé d'une certaine huile végétale. Derrière ces croix, on tire bravement des coups de fusil, avec des balles bénites le jour de Pâques. Au bout de quelques minutes, l'ennemi, molesté et effrayé, juge à propos de battre en retraite par la voie qu'on lui a laissée ouverte ; et quand on juge qu'il a vidé les lieux, on lui interdit la rentrée par une quatrième croix. En d'autres termes, on le chasse de son champ dans celui du voisin.

Tout le monde n'oserait tenir le fusil dans le dos de Pilwitz, provoquer ainsi sa vengeance et s'exposer à ses rancunes ; il faut regarder à deux fois et même à trois avant de se mettre avec lui en hostilité ouverte. Les habiles qui ont trouvé avec le ciel des accommodements ont ouvert des négociations avec l'enfer ; les prudents, c'est le plus grand nombre, ont mille trucs, mille adresses pour établir avec les démons un *modus vivendi* qui ne revienne pas trop cher ; mais la surveillance doit être incessante. On aurait pu croire que le blé étant mis sous un toit et quatre murailles, derrière une porte munie de verroux et de clous en croix, il serait enfin en sûreté ? Pas du tout, Pilwitz trouvera moyen de soutirer le meilleur du grain par des voies invisibles ; sans parler des rats et charençons, ses émissaires.

Quelques rustres ont imaginé d'engranger leur blé sans souffler mot, et en attelant les bœufs non pas avant, mais en arrière de la charrette, d'où le proverbe connu... Ou bien ils substituent d'autres graines au blé et veulent faire croire à Pilwitz qu'il gagnera au change. Ainsi le patron, déroulant son fléau sur des fagots de genevrier, recueillera les feuilles et haies abattues, et les jettera par dessus l'épaule gauche en s'écriant : « Prends ce qui t'appartient ! » Le plus simple est encore de lui faire honnêtement sa petite part, et de lui payer une légère redevance. Ici, un pain est fourré dans la première des gerbes qu'on rentre, puis gerbe et pain sont brûlés au four. Les paysans écossais réservent dans le champ un petit coin qu'ils appellent le « grenier » du bonhomme, Goodys ou Goudymans croft. D'autres font cueillir par un garçon de cinq ans les premiers épis qu'une fillette de sept tressera en guirlande. D'autres encore préfèrent garder les derniers épis, au nombre de trois, neuf ou vingt-sept, qu'ils nouent tout au milieu des chaumes, au haut d'une perche, avec des rubans noirs et rouges, tête en bas, à l'instar des animaux qui, jadis, étaient sacrifiés aux divinités infernales. Cette offrande est appelée, dans l'Allemagne méridionale, celle du bouc Hallubock, de la Bonne Chance, Glücks Korn, la Dîme de l'Oiseau (Vogelzehnten) et plus communément l'Oswald, ou forêt des dieux. Qui se rappelle à ce propos la prescription de la loi mosaïque : « Postquam messueritis segetem terrae vostrae, non secabites eam usque ad solum, nec remuantes spicas colligetis ; sed pauperibus et peregrinis dimittetis eas. »

Ajoutons que les gerbes accumulées dans le gerbier sont préservées de la foudre par une croix qu'on érige tout en haut, et mieux encore par un coq en paille, comme cela se voit en Normandie. La précaution est d'autant mieux entendue que les nombreuses pointes de paille font office de paratonnerre.

II

LA FABRICATION DU PAIN

Meunerie et Boulangerie

Derrière le cercueil du meunier, on jette une poignée de farine. Ce qui est, sans doute, un moyen de cacher au mort la vue du moulin, et, sous prétexte de compliment, lui barrer le retour.

Telle est l'unique superstition que nous ayons trouvé à noter ayant rapport à la meunerie. Encore n'est-elle pas attribuable au meunier, mais seulement à ses héritiers ou voisins. Chose curieuse ! Tandis que les superstitions abondent chez les cultivateurs et parmi ceux qui manient le pain et le blé, les meuniers semblent dépourvus de toute espèce de préjugés. Nous ne sommes pas les seuls qui l'ayons remarqué. L'industrie moderne semble être sortie du moulin, dont le nom anglais est un terme générique désignant les diverses usines et manufactures. Evidemment les minotiers ont été les premiers mécaniciens, les premiers ingénieurs, ce qui de bonne heure leur a donné l'esprit net et clair. Pendant le long et triste moyen-âge, le meunier se tenait coi. Qu'il habitât la colline visitée par les vents, ou bien la grand'fond dans laquelle chute le ruisseau, il vivait seul, dans un petit royaume à lui, avec sa meunière pour reine, et, pour premier ministre, son grison, animal judicieux et sobre. Ignorant des magiciens, nécromanciens, des alchimistes, théosophes et pourchasseurs de la pierre philosophale, et même des sorcières et devineresses, il s'inquiétait peu de ce monde ambiant d'ignorance outrecuidante et d'abracadabrante folie dans lequel on dissertait *a dario* et *baralipton* sur tout ce que l'on savait, et principalement sur ce qu'il était impossible de savoir. Quant à lui, il affectait de dire qu' « il ne voyait pas dans sa meule plus avant qu'un autre ».

Tous les proverbes relatifs aux fariniers nous les représentent comme gens pratiques et sensés, gais compagnons, robustes de corps, sains d'esprit, n'engendrant pas mélancolie, sachant bien que si on en venait aux extrémités, ils seraient les derniers à mourir de faim. On devrait faire la collection complète des dictons qui concernent la meunerie. En voici quelques-uns parmi lesquels plusieurs ne sont point à l'avantage de la corporation, car on n'a pas manqué de lui reprocher les défauts de ses qualités ; on lui en aurait inventé plutôt :

« Comme il est mis sous sa meule, ainsi est-il moulu. »

« Tout ce qui se passe sous la meule passera pour farine. »

« Au moulin, premier venu, premier moulu. »

« Au moulin les grands mots n'emplissent ni grands ni petits boisseaux. »

« Donne, redonne, donne, redonne, roue de meule ne dit autre chose. »

« Si les sacs pouvaient parler !! »

« De gouge à veuf, ni de poule à meunier, ne te mets en peine. »

« Meunier et boulanger ne volent point puisqu'on leur apporte. »

« Meuniers, tailleurs et tisserands ne sont point pendus, le métier serait perdu. »

« Rien de plus hardi que la chemise d'un meunier... Il n'est matin qu'elle ne prenne un voleur au collet. »

⁂

Les boulangers n'ont jamais eu comme les meuniers la réputation d'esprits forts. Jadis, ils ont pu croire que le pain étant dans le four, on peut allonger la farine et lui faire rendre davantage en la saupoudrant d'un peu de terre pendant la cuisson. Cela était prouvé par une longue expérience, était-il affirmé. Pourquoi la terre ne ferait-elle pas croître la pâte, disaient-ils, puisqu'elle fait croître le grain ? Nos modernes boulangers n'ont plus cette naïveté ; il en est auxquels les chimistes ont enseigné les savantes manipulations de l'alun.

Quand la ménagère est à pétrir, elle se met un tablier propre, afin que le pain reste bien entier et ne s'ouvre ni se fende. Franchement on ne l'eût pas deviné.

On entend dire que toute une fournée peut tourner mal si quelque polisson enfourche disrespectueusement la pelle comme il ferait d'un dada.

On entend dire encore que la fournée brûlera, charbonnera, sera réduite à rien, si pendant que la pâte lève elle est regardée avec trop de curiosité par un étranger qui a la marraille ou le mauvais œil. Il n'est donc pas étonnant que les Tchouvaches sifflottent et murmurent à voix basse des incantations en cuisant leur pain.

Si la meute Hellequin ou du Grand Veneur passant au-dessus d'une maison dans laquelle on cuit, il prend fantaisie à l'un des spectres chasseurs de piquer son doigt dans la pâte qui lève, le pain ne manquera jamais dans cette demeure. On se demande si l'on a eu de fréquentes occasions de vérifier le fait.

Pour que la fournée vienne à point, la boulangère doit avoir posé la dernière brique, avoir inséré la clef de voûte du four. Passons sur ce point, il peut s'expliquer par des raisons vulgaires, sans aucune considération tirée de la haute magie.

III

LE RESPECT DU PAIN

Toujours astreint à l'antique loi : « Tu mangeras ton pain à la sueur de ton visage », l'homme peine et fatigue pour avoir sa pitance journalière, marche, court et s'agite, supporte de durs travaux. Pour gagner sa vie, plus d'un s'expose constamment à la perdre. — « Donne-nous aujourd'hui notre pain quotidien » est la prière que la chrétienté adresse chaque matin à son « Père qui est aux cieux », elle n'oserait demander celui du lendemain, et cependant « avoir sur la planche son pain » et celui de ses enfants est de tous le désir secret et avoué. Mais avec les sécheresses et les inondations, avec le manque de routes et de moyens de transport, avec les guerres et les massacres, avec les impôts et les douanes, plus meurtriers à la longue que de sanglantes batailles de temps en temps, les nations n'ont jamais cessé d'être hantées par le spectre de la disette. Les épouvantables famines qui, faute de travaux d'irrigation, désolent l'Inde périodiquement, sont toujours la honte du gouvernement impérial britannique. Tandis que nous écrivons, en juin 1880, la Roumélie, l'Asie mineure, la Perse se relèvent à peine du fléau qui vient de les décimer, de navrantes nouvelles nous arrivent de l'Arménie, et depuis plusieurs mois la Chine pousse des cris de détresse que l'Europe n'entend pas. Serait-ce parce qu'elle écoute les gémissements de l'Irlande, les soupirs angoissés que pousse la province des Confins Militaires ?

Grâce à nos moyens de communication tout modernes d'une province à l'autre, grâce à nos transports rapides de l'Europe Orientale à l'Europe Occidentale, et d'Amérique en Europe, nous pouvons espérer que nos pays civilisés sont maintenant à l'abri des terribles disettes, qui, dans les siècles passés, les désolaient périodiquement. Il peut y avoir encore des disettes, entendons-nous dire ; il n'y aura plus de famines. Les ports, les grands marchés regorgent de céréales de toute espèce et de toute provenance ; ce qui nous manque parfois, ce n'est plus le blé, mais seulement les moyens de l'acheter ; en définitive, la population la plus nombreuse, la plus pauvre, manque souvent du pain qui lui est nécessaire.

Nous apprenons par le *Banquet de Trimalcion* que les Romains baisaient la table sur laquelle ils venaient de manger ; car la table qui porte le pain leur était sacrée. Dans la plupart de nos fermes, pour ne pas dire dans toutes, c'est la place qu'occupe la grande table qui est considérée comme le lieu le plus honorable de la maison, à un plus haut degré encore que le lit conjugal. A la mort du chef de famille, elle doit faire place au cercueil, car c'était à la table qu'était le siége d'honneur du « Maître du Pain ».

Quant au pain lui-même, il est objet de respect dans les pays où il est relativement abondant ; objet de vénération dans ceux où l'on est exposé à en manquer. Gaspiller la nourriture que des pauvres seraient heureux de ramasser dans la rue a toujours paru aussi répréhensible que serait le vol ; et l'on a souvent mis de pair avec le meurtre le fait de détruire délibérément ce qui pourrait faire vivre un homme. L'opinion réprouve sévèrement le prodigue égoïste et stupide qui se prévaut de son droit de propriété pour anéantir ce que l'on a si justement appelé « vivre ». Les Egyptiens et les Arabes ont la même expression, ils donnent au pain le nom d'Ezsh, la vie. Les Hébreux employaient une heureuse expression : « Bâton de vie », que leur ont empruntée les peuples chrétiens. Les Arabes possèdent aussi cette expression, l'ayant peut-être de leur propre fonds.

« Quatre choses, disent les rabbins, nous ont été transmises relativement au pain :

« Ne jamais le jeter.

« Ne pas lui faire toucher viande crue.

« Ne pas appuyer une assiette contre lui.

« Ne pas tenir au-dessus son verre plein. »

Pourquoi la seconde prescription ?

Probablement parce que la viande crue, que mangent les animaux et non les hommes, est de qualité trop inférieure pour être mise sur le même plan que le pain, la chose la plus précieuse qu'il y ait en ce monde.

Et pourquoi la dernière ? Sans doute parce que le liquide pourrait tomber sur le pain par mégarde, peut-être aussi parce que l'attitude manquerait de respect à son égard ; peut-être encore parce qu'il ne faut pas intercepter la bénédiction qui sur lui descend du ciel à tout instant.

De leur côté, les anciens Mexicains disaient qu'il était dangereux de ne pas ramasser toute de suite le maïs qui tombait sur le plancher. Le maïs n'aurait pas manqué de se plaindre au Dieu qu'on lui manquait de respect.

Les Mogols blâment toute déperdition de nourriture avec une sévérité qu'on a rapprochée de celle des catholiques veillant à la conservation des hosties du saint-sacrement.

Les grand'mères allemandes enseignent à leurs enfants à respecter le pain : elles ont toute une série de préceptes dont l'origine se perd, il est permis de le dire, dans la nuit des temps : « Petit chéri, si tu laisses tomber ton morceau de pain, baise-le avant de le reporter à la bouche. » De même les Egyptiens ne permettent sous aucun prétexte qu'on détruise ou seulement qu'on salisse le plus petit fragment de pain. Au Caire, Lane a vu plus d'une fois un passant ramasser des débris de pain qui, par quelque accident, étaient tombés dans la rue, les passer trois fois devant son front et ses lèvres, puis les poser respectueusement sur une borne, pour qu'un chien, tout au moins, en profitât. Au même Lane on raconta que deux domestiques assis devant la porte mangeaient leur repas quand un bey vint à passer avec tout un cortège d'officiers à cheval. Un des domestiques crut devoir se lever et saluer. Le haut fonctionnaire, le toisant avec indignation, lui demanda : « Qui donc est ici le plus digne de respect, le pain ou moi ? » Et, sans attendre la réponse, il fit un signe bien connu. Un acolyte s'avança et la tête de l'homme trop poli roula dans la poussière.

« Ne fais pas fi des miettes. Des miettes et des miettes, c'est le pain.

« Garde-toi bien de marcher sur du pain, ne serait-ce que sur des miettes. Serais-tu un charretier menant sa charrue chargée, évite de les écraser sous tes roues. Si tu le faisais, le pain, les miettes pousseraient un cri que tu n'entendrais peut-être pas, mais que Dieu entendrait, et il te punirait en te rendant tout à fait sourd si ta maladresse est inexcusable ; en te rendant sourd de l'oreille gauche si tu es excusable. » On dirait ici un écho de la sagesse talmudique : « Qui laisse les miettes se perdre après sa mort les ira quêtant, errant et errant jusqu'à ce qu'il les ait toutes retrouvées, les distinguant à peine à travers le sang qui ruissellera de ses yeux. »

Suivant une autre version : « Le diable, colligeant les miettes dont tu fais fi, les dépose une à une dans une « cache » à lui. Une fois mort, ton cadavre sera pesé contre les miettes, et si elles sont plus lourdes tu iras en enfer, où les démons te les jetteront à la face, ces miettes chauffées à blanc, devenues dures comme l'acier, et tu n'auras d'autre nourriture. »

« Ton pain est immangeable ? Ne le jette pas pour cela ; il peut être utile à quantité d'usages que tu ne sais pas, et si tu ne peux autrement t'en servir, brûle-le au feu ou dans le four. » Nous aurons à revenir sur cette prescription.

La grand'mère n'a pas fini, elle a d'autres renseignements.

« Le pain ne profite pas quand on le pose sens dessus dessous », car ce n'est pas le tout de manger, il faut encore que la nourriture soit assimilée. « Quand j'aurai rompu le bâton du pain, menaçait le Dieu de Moïse, vous mangerez et ne serez point rassasiés. »

« Et le pain étant ainsi bestourné, si on le laissait dans cette position toute la nuit ou plus longtemps, le diable aurait prise sur les gens de la maison, chaque minute d'oubli ajoutant à son pouvoir. »

« Mon petit Jean, rappelle-toi de ceci : Qui coupe le pain droit à la fortune ira tout droit. Et toi, ma petite Jeanne, n'oublie pas : Qui coupe le pain de travers, tout lui marchera de travers. »

Petit détail. Les manuels du bon ton et de la civilité puérile et honnête insistent sur un point qui longtemps me parut mystérieux : à table, il faut rompre le pain qu'on mange, il n'est rien de plus bourgeois que de le couper bouchée par bouchée. « Pourquoi cela ? demande-t-on à la comtesse de Raineville. — Parce que ! — Mais encore ? — Parce que cela ne se fait jamais dans la société des gens comme il faut ! »

Il est curieux de constater une fois de plus la concordance entre les articles du « code de déportement » chez le beau monde et les rustres. Mais les rustres ont un avantage, ils disent pourquoi.

« Le pain, expliquent-ils, est ami de l'homme et non pas du couteau ; il lui déplaît qu'on lui manque de respect par l'intervention sans nécessité d'un objet étranger. Ça l'agace quand on le cuit si on le touche avec de la ferraille, et la fournée tourne mal. Une autre preuve, c'est que la vache maigrit et que ses pis se dessèchent quand, au lieu d'émietter son pain, on le coupe dans son écuelle de lait. »

La raison est péremptoire. Nous ne la discuterons pas, laissant cette explication pour ce qu'elle vaut. Cependant nous ne serions pas étonnés pour notre compte que la prescription datât d'une époque à laquelle il était rare que chaque individu possédât un couteau de table et même un couteau de poche : d'une époque à laquelle le fer, récemment introduit et pour des usages très spéciaux, passait pour être profane et ne devoir être mis en contact qu'à bon escient avec le pain, cet objet sacré !

IV

PAIN PORTE-BONHEUR

SYMBOLE ET MOYEN DE FERTILITÉ, DE FÉCONDITÉ, DE RICHESSE ET D'ABONDANCE

Dès la faim apaisée, c'est un désir bien naturel que celui de ne plus manquer de pain, d'en avoir toujours à suffisance et même en abondance. Il n'est de richesse supérieure à la précieuse denrée, contre laquelle s'échangent toutes commodités, étalon par excellence et mesure universelle des valeurs. Dès qu'on est pourvu de ce côté, on peut « voir venir » et attendre les événements. Aussi, dans la langue populaire et les théories magiques, les idées abstraites d'abondance, d'aisance et de luxe, de fertilité et de fécondité, de bonheur et d'avenir assuré, trouvent leur expression la plus répandue dans le groupe d'objets dont le pain est le représentant le plus naturel, tels que blé, paille, farine, etc.

« Il n'est pas sage de rester la nuit sans avoir au buffet pain ou quignon. C'est que, voyez-vous, la bonne chance ne séjourne en nul endroit plus volontiers que sur la miche : elle ne peut se souffrir dans la maison dont on vient d'emporter la dernière croûte. »

Pareillement, un Alfure Minoha des Célèbes ne videra jamais complètement la gamelle dans laquelle il mange son riz, à moins qu'il ne soit tout à fait sûr qu'elle va être immédiatement remplie à nouveau. C'est que, voyez-vous, il faut toujours laisser du riz pour faire graine.

⁂

Glose : Sur l'Arche de l'Alliance entre l'Eternel et son peuple, douze pains étaient déposés, un par tribu. La gloire du

Très-Saint les illuminait et leur communiquait ses vertus divines. Tant qu'ils étaient renouvelés, la Maison d'Israël ne devait pas manquer. Ces « pains de proposition » étaient le porte-bonheur du peuple de Dieu, constamment regardé par Javé d'un « œil favorable », ils étaient le réceptacle de ses bénédictions. Ce fut peut-être en imitation de cette prescription de l'Ancienne Alliance que, dans la Nouvelle, il fut longtemps coutume d'enfermer dans la boule du clocher, juste au-dessous de la Sainte-Croix sur laquelle était perché le coq symbolique, d'enfermer, disons-nous, un ou plusieurs boisseaux de blé. Les uns plantant, les autres arrosant, les uns et les autres mettaient du grain en plein ciel, le plus près possible du « Dieu qui donne l'accroissement » ; plus large était l'offrande qu'ils avaient faite, plus devaient être riches les moissons qu'ils attendaient. Encore aujourd'hui, la grandeur des clochers est évaluée par la contenance en blé ou or de leur boule.

Le dôme qui est élevé au Caire sur la Mosquée sépulcrale de l'Iman porte à son sommet une barque dans laquelle, naguère encore, on déposait des cruches d'eau du Nil et cinq boisseaux de blé dont les oiseaux étaient seuls à profiter. Mobile sur un pivot, la barque est une grande girouette, fort observée par les fidèles qui notent attentivement ses girations, surtout celles qui se font dans le vent ou malgré le vent ; car on dit que ses mouvements sont prophétiques et annoncent des événements publics d'une haute importance, tels que des guerres heureuses, la mort de personnages considérables, l'abondance ou la disette.

Notre première idée avait été de voir dans cette pratique musulmane en Egypte un anneau de transition entre la coutume juive et la coutume chrétienne, mais, après réflexion, nous sommes portés à lui attribuer la plus ancienne origine, et à la considérer comme un souvenir de la barque solaire qui jouait un si grand rôle dans les conceptions religieuses, et, en même temps, comme un souvenir des barques d'offrandes à Osiris, le divin Agriculteur, auquel on payait religieusement son tribut, afin qu'il regardât d'un œil favorable le pain et le blé de l'Egypte. Suivant cette interprétation, la barque de blé tout en haut de la mosquée serait une sorte d'autel aérien.

Les lamas bouddhistes s'y prennent autrement. Leur invocation au ciel n'est pas toujours faite que pour leur paroisse, que pour leur pays. En une certaine occasion, ils le prient pour la terre entière ; et, prenant un disque légèrement creusé, une assiette qu'ils appellent le monde-mandala, ils l'emplissent à plusieurs fois de blé et le lancent dans l'air pour bien faire comprendre au Très-Haut sur son trône ce que l'on attend de lui.

« Si vous allez habiter une maison nouvelle, trouvez-y pain nouveau. Faites mieux, passez le seuil en portant une miche devant vous à bras tendus.

« Ayez toujours pain sur planche. S'il survient quelque gros accident, si la maison prend feu ou la grange voisine, pensez d'abord au pain. Rien de tel pour assurer la jugeotte que de la fixer tout d'abord sur le « don de Dieu ».

« Au repas de Noël, laissez jusqu'au lendemain des restes de tous plats sur la table. En fait de pain, plutôt qu'un morceau, laissez miche entière. Par la vertu de continuation et de multiplication que déverse Dieu en cet heureux jour, vous et votre famille ne manquerez jusqu'à l'autre Noël. Allez à la grand' messe avec du pain, avec du blé plein vos poches. Ce blé sera bénit et vous le sèmerez, ce pain sera bénit et vous le mangerez : du pain et du blé, vous aurez plein profit et l'entier rendement. »

En cette même nuit, on mange à gogo, on boit tout son saoûl. Le plancher est jonché de paille que les pieds des joyeux banqueteurs remuent exprès de moment à autre. Et du paillis, bon paysan tresse des tortillons qu'il ira nouer, grave et muet, autour des arbres du verger ; aux branches il appendra guirlandes, dans les écorces il piquera chaumes et paillettes. Pour faire quoi ? Pour que le feu du ciel ne touche pas les fruitants et pour qu'ils donnent beaucoup dans l'année.

Parallèlement à ces croyances de notre Occident, les Aïnos velus du Japon torchent des chiffons de couleur dans une botte de paille qu'ils fichent sur une perche. Nous prendrions ce mannequin pour un épouvantail aux oiseaux, mais eux, tout naïvement, le présentent comme leur Dieu de la richesse, richesse bien modeste. A fidèles pauvres, Dieu indigent. Ils attachent le marmouset au toit de leur cabane, le hissent en haut du misérable grenier.

Il en est de la fécondité de la femme comme de celle de la Terre. Il n'est peuple agricole qui, dans les cérémonies nuptiales, ne prodigue blé, orge, avoine ou leurs équivalents, tels que riz et maïs.

A Ceylan, le fiancé et ses amis apportent leurs présents à la fiancée qu'on installe sur une table, à mi-jambes dans un monceau de riz. Dans les diverses provinces de l'Inde, dans l'archipel malais, on jette du riz sur la tête de la fiancée ; en Chine des grains de blé. En Albanie et en Allemagne, la mariée s'en met dans les souliers. Dans les contrées slaves, on déverse sur la nouvelle épousée toute une pluie de blé, de pois et d'orge; elle en répand elle-même dans chaque chambre, à tous les coins de la maison ; et le soir, en se déshabillant, autant il lui restera de grains dans le sein, autant elle portera d'enfants. C'est encore une coutume dans le Yorkshire de couper le gâteau de noces en petits morceaux qu'on jette à la tête des nouveaux mariés.

Ce qui suit est de « même farine » :

« Mettez un croustillon dans la bouche du nouveau-né. Le pain et lui seront paire d'amis et le mioche deviendra robuste et point gourmand.

« Que le parrain n'oublie pas d'enclore deux ou trois miettes dans l'acte baptismal, afin que le filleul soit toujours pourvu.

« Dans le berceau, sous la couchette, un chanteau, et dès que le marmot marchera, vous lui en attacherez un fragment au cou par un cordon. »

Les Alfures de Ceram usent de la même précaution. A la naissance d'un rejeton, ils suspendent au-dessus de la case une noix de coco emplie de riz et de sagou et la laissent aussi longtemps qu'elle veut tenir. C'est pour que le jeune citoyen ait de la mangeaille par dessus la tête.

⁂

Nous avons vu avec quelle minutie il faut veiller à ne pas laisser une miette se perdre. Tant s'en faut néanmoins que cette économie implique avarice ; loin d'exclure la libéralité, elle a pour objet de la rendre plus facile, tout en lui donnant plus de prix. Le pauvre qui contribue « même de son nécessaire » est loué pour sa générosité, la veuve est admirée pour le don de sa « pite » ; mais le riche parcimonieux est estimé à l'égard d'un criminel, et quant au prodigue, il est, par le Coran, qualifié sans ambage de frère de Satan.

De bonne heure s'établit la croyance, nous pourrions dire le dogme, qu'à l'avarice de l'homme envers ses semblables, envers les dieux et les morts, la Terre répond par la stérilité, et le Maître du Ciel par le refus des rayons du soleil bienfaisant, par le refus des pluies vivificatrices. Si l'homme s'attendait à ce que les puissances célestes fussent généreuses envers lui, ne fallait-il pas qu'il leur donnât l'exemple ! Même les abeilles passent pour ne pas se complaire chez le paysan « trop serré » et ne vouloir donner dans ses ruches que le moins de miel possible.

Le plus précieux produit de la Terre, notre mère à tous, le pain qu'implore la prière dominicale de « notre Père qui est aux cieux », le pain n'a jamais été considéré comme une propriété semblable à toutes les autres. La conscience publique s'est toujours refusée à mettre sur la même ligne le vol de dix sous et le vol d'un pain de cinquante centimes.

On prétend que le sac de farine doit être délié dès qu'il est apporté du moulin, et que la farine doit être immédiatement déversée, sans quoi la langue du nouveau-né ne se délierait pas non plus ; le fils, espoir de la maison, serait « noué » de corps et d'intelligence. La raison du dicton n'est pas difficile à saisir : plus tôt la farine est mise en usage, plus vite elle est utilement consommée, plus ceux des alentours qui en manquent, plus les nécessiteux que le hasard amène par là ont chance d'en obtenir. On a la recommandation : « Ne touche au pain que pour le couper, ne coupe le pain que pour en manger, ne mange au pain que pour en faire manger. » Les Français ont le proverbe bien connu : « Pain coupé n'a maître », et pour être bien compris il doit être rapproché d'un autre précepte, d'après lequel le patron et la patronne ne doivent pas mettre sur la table du pain sans l'entamer. La maison où l'on « serre le pain » est mal notée. En « rompant le pain en commun », les chrétiens de la synagogue de Jérusalem conquirent le monde gréco-romain à leurs doctrines et célébraient un mystère que l'Eglise postérieure n'a jamais réussi à détourner tout à fait de sa signification première.

Il était autrefois mal vu de « compter les pains cuisant au four ». Si on les compte, disait-on, ils ne réussiront pas et ne profiteront guère. On objecte, tant la tradition a été vite perdue : « Mais si le pain n'était pas compté, il pourrait en être enlevé quelques-uns. » Assurément, c'est aussi ce que l'on voulait, mais sans paraître le savoir. On estimait que du pain ne peut être détourné que « pour le bon motif ». Et puis, fallait-il être sévère envers les pauvres, qu'on estimait alors être les représentants, en quelque sorte les fondés de pouvoir du Dieu qui donne du pain ? « Que Dieu nous préserve, dit une prière musulmane, de nous arrêter jamais devant la porte de l'avare, maison devant laquelle l'eau est mesurée et le pain compté avant qu'il soit cuit. »

Il est de coutume universelle qu'au jour des épousailles les amis fassent assaut de générosité afin d'assurer la fécondité de la nouvelle union. Les époux, à leur tour, tiennent à se montrer généreux, au moins envers les plus indigents de leurs concitoyens, afin que leur lit ne soit pas frappé de stérilité. C'est un échange de présents contre des cadeaux, gratifications contre gratifications ; mais les nouveaux mariés ne peuvent pas toujours tenir tête à la communauté ; il n'est pas rare qu'ils s'épuisent en libéralités, s'endettant de plusieurs années, et même se ruinant de fond en comble... Selon leurs moyens, ils font largesse d'or, d'argent ou de cuivre, offrant d'un large gâteau à quiconque vient les complimenter.

« Merci la belle épousée, et que Dieu vous le rende au centuple ! » Pendant les huit premiers jours, la jeune femme ne laissera pas sortir un visiteur sans l'avoir fait goûter au pain, et l'avoir instamment prié de manger son morceau jusqu'au bout.

Le laboureur qui prépare la semence fait pleine et large boisselée, afin qu'à la récolte les gerbes débordent des greniers. « Il ne faudrait pas, dit-il, commencer par se montrer ladre et pingre. » « Selon que vous mesurez, lit-on dans l'Evangile, vous serez mesurés. » En plusieurs cantons, une gerbe non battue est mise dans la cour tout en haut d'une perche, pour que les oiseaux la picorent. A la Noël, les paysans allemands ont accoutumé de jeter du grain sous les haies pour que moineaux, rouges-gorges et autres oisillons se réjouissent aussi en ce jour d'universelle allégresse.

On recommande au patron et à la patronne de ne pas s'asseoir sur la maie. La maie croirait à l'avarice des maîtres, et ne donnerait qu'un pain sans saveur et sans vertu.

Les invités sont priés de ne rien laisser du pain qui leur est présenté ; s'ils laissent des restes, ils s'en feraient mal aux dents, ou ils empêcheraient le beau temps de venir.

V

LE PAIN, LE BLÉ, LA PAILLE

COMME REMÈDES ET PROPHYLACTIQUES

Les primitifs, qui n'ont pas d'histoire, parce qu'ils n'avaient d'autre occupation que celle de lutter contre la faim, ne pouvaient manquer de la considérer comme la vraie, la seule maladie, type de toutes les autres. Nous-mêmes, nous n'en connaissons ni pire ni plus fréquente. Il y a peine de mort à ne pas lui porter remède promptement. On l'expliquait comme étant le corrodement de notre substance par des esprits dévorants, par une nuée de parasites, infiniment petits qui, s'introduisant par les diverses ouvertures du corps, se gorgent de sang, de chyle, de lymphe, de liquides nourriciers, attaquent la chair, la moëlle, la matière même des os. La carie des os, celle des dents, c'est un ver qui se glisse par un imperceptible trou, les ronge comme il ferait d'une pomme, les vide de leur suc, les emplit d'excréments. De cette vermine intérieure, quelques monstres deviennent visibles, ce sont ceux que l'on a diversement appelés filaires, trichines, ténias ou autres, d'aucuns restent invisibles et les plus dangereux ne sont pas toujours les plus gros. Pullulant et foisonnant, ces sangsues ne sont autres que démons, lesquels ont débuté par être âmes de morts, revenants voraces et insatiables, vigoureux en raison de leurs déprédations, et qui, n'ayant plus de vie en eux-mêmes, sont obligés de se jeter sur celle des autres. Rien que leur regard est funeste ; agissant à distance, il est impossible de dire au juste où ils sont, où ils ne sont pas.

C'est ainsi que, de propos délibéré, la doctrine magique confond la faim, la fièvre et toutes les indispositions avec les démons et les démons avec les sorciers qui « donnent des malices ». Elle identifie le fait actuel avec le possible, et les moyens curatifs avec les préventifs ; ce qui chasse les mauvais esprits et ce qui les empêche d'approcher.

C'est ainsi que, de propos délibéré, le point de départ une fois donné, il était logique de supposer qu'un emplâtre de pain sur l'estomac — langage familier — devait guérir les maladies moins fréquentes, du moment qu'il guérissait la plus commune. Réservoir de santé, grand restaurateur de la vie, le pain passait pour contenir des trésors de force et d'énergie, pour être la concentration des forces salutaires. Le « pain de vie » ne pouvait être que vivant lui-même, toujours sur la défensive contre un ennemi toujours sur l'offensive. Le pain était la grande panacée. La pharmacopée moderne n'use de *mica panis* et d'*aqua fontis* que pour tranquilliser les malades qui ne croiraient guérir avant d'avoir absorbé quelque drogue latine. Mais ces substances étaient réputées jadis posséder les plus mirifiques vertus et participer à la nature du nectar et de l'ambroisie, qui aux Immortels étaient aliment et remède tout à la fois. Sur ce point, l'entière doctrine magique n'est que l'amplification de ce verset du Pentateuque : « Tu serviras l'Eternel Dieu, et il bénira ton pain et tes eaux ; il ôtera les maladies du milieu de toi. »

Quand le patron, chef de famille, vient à mourir, on jette de l'orge sacrée sur le cercueil et tout autour. Et la raison ? — C'est afin que s'il regarde par une fissure, par quelque trou des planches, l'éclair de son mauvais œil soit arrêté et neutralisé par la bénigne influence de l'excellente céréale. Nous expliquerions de la sorte les problématiques poignées de farine qu'on nous disait être jetées derrière le cercueil du meunier porté à sa dernière demeure. — Etes-vous malade ou simplement sous mauvaise influence ? Mettez à tremper dans un verre quelques brasillons ardents et quelques miettes ; buvez moitié de l'eau et versez le reste sur les gonds de la porte d'entrée.

Les eaux insalubres sont assainies quand on y jette de la mie de pain.

L'eau du puits est mauvaise pour l'accouchée, tant qu'elle n'y aura pas jeté des croûtons du pain qu'elle mange.

L'eau fraîche dans laquelle on a fait infuser neuf grains d'orge a guéri de nombreux malades. Les bonnes femmes de France apprécient fort ce remède.

Traitez avec du pain moisi les dérangements d'entrailles. Passez et repassez à travers une galette de seigle, en couronne ou en tortillon, les enfants maladifs ou rachitiques, ceux qui, pour être nés avant terme, sont ridés, d'aspect sénile... — Contre la maraille et toutes ses funestes influences, les mamans cousent des miettes avec grains de sel dans les robes de leurs petits. Au canton de Berne, on s'y prend un peu autrement : les parrains enserrent trois grains de blé dans l'acte baptismal du filleul, et les commères trois grains d'orge. Et tout bon Bavarois met trois miettes au fond de sa bourse, afin que le diable ne s'y loge pas et que l'argent n'en disparaisse point, sans que l'on sache pourquoi ni comment.

...Miettes de pain et grains de sel, disions-nous tout à l'heure. Pas une bouchée de pain, pas un grain de sel ne paraît aux festins que le diable et les démons servent aux sorcières dans leurs nocturnes orgies de Walpurgis et de Saint-Gui. C'est que le pain et son inséparable condiment sont antipathiques à la gent infernale ; il n'est pas de meilleur anti-démoniaque, de préservatif plus énergique contre les ruses et mauvais tours de Satan. La ménagère baratte son lait en toute tranquillité dès qu'elle a mis trois miettes et trois mottons de sel sous le pot à beurre. Pourvu qu'elle tienne une croûte sous la langue, elle peut affronter les « malices » et braver la rencontre des chiens enragés ; même elle peut filer en temps prohibé. Cette croûte, retournée sous la dent, lui fera reconnaître le loup-garou en dépit de ses déguisements, découvrir la pensée maligne, invisible aux autres hommes, qui s'allume dans l'œil jaloux et perfide. — Vous défiez-vous d'une visiteuse ? Brusquement, de propos délibéré, vous mettez la miche sens dessus dessous, — et si vous avez affaire à une sorcière, elle sera frappée d'immobilité : elle ne bougerait pas quand même on lui brûlerait les chairs avec de la braise vive, quand même on lui poindrait les membres avec une aiguille. Bien plus, si on la crible de boulettes de pain, elle est obligée de se montrer sous sa vraie forme, bien différente souvent de l'empruntée ; nue, honteuse, angoissée, tourmentée, la méchante pleure alors et demande grâce. On ne se figure pas la puissance qu'il y a dans le plus petit brigaillon de pain ; il a mainte fois suffi d'une boulette bien ajustée pour faire tomber raide mort un cauchemar.

⁂

Les vertus natives de la farine sont augmentées de celle que donne la bonne intention d'aider son semblable. Le pain qui a été obtenu par charité et pour « l'amour de Dieu » porte en lui la reconnaissance du Tout-Puissant. « Celui qui donne au pauvre prête à l'Eternel qui lui rendra son bienfait. » Le morceau de pain, présenté à Jésus-Christ réincarné dans la personne d'un indigent, est comme une lettre de change passée au nom du Maître des Cieux et de la Terre : il ne déshonorera point sa signature. En Allemagne, le mioche qui dépérit sera rendu à la santé, si on lui donne à manger d'un gâteau pétri avec de la farine qu'un mendiant aura obtenue poignée par poignée, en neuf maisons différentes.

Et voici comment on traite en Egypte l'orgelée ou inflammation des paupières. La personne qui en est atteinte s'accoutre de haillons et va mendier du pain en sept maisons où elle sait qu'il y a une vierge du nom de Fatmeh — c'est ainsi que se nommait la fille du Prophète. Qu'il soit béni à tout jamais ! Elle mange les sept morceaux, dort là dessus et n'a plus trace du mal.

Si l'enfant n'apprend à parler que difficilement — peut-être parce que les sacs de farine auront été trop longtemps gardés sans les ouvrir, comme on se le rappelle — qu'on lui donne du pain de mendiant, et bientôt sa langue se déliera. S'il a du pain, le mendiant, c'est qu'il ne manque pas d'éloquence, car quelles difficultés il a, rien que pour se faire écouter !

⁂

Il est dans les premières fleurs du blé un miel délicat, un parfum des plus doux, d'autant plus puissant qu'il est subtil, et peu apprécié par le vulgaire. Au soleil levant, par un beau jour d'été, passez de ces fleurs dans votre bouche, et préservé vous serez d'une foule de maladies, guéri de la morsure envenimée des serpents. Flairez-les, ces fleurs, sucez-les si vous pouvez, ou au moins, couvez-les d'un long regard, et vous vous en trouverez bien.

Le barbeau des blés a pris quelque chose des vertus de la plante dont il est l'inséparable compagnon.

« Dis-moi qui tu hantes, et je dirai qui tu es. » Le premier barbeau qu'on aperçoit au printemps a les meilleurs effets contre les maladies d'yeux — des yeux bleus tout d'abord. La fleur est bleue elle-même, opère plus efficacement sur son semblable que sur les gris et les noirs. A défaut de cyanes et barbeaux, vous pouvez opérer sur des violettes qui sont aussi des yeux bleus, avec la marguerite blanche et rose que les Anglais ont appelée, avec une admirable poésie, ***daisy, day's eye,*** l'œil du jour. Cueillis à la Saint-Jean, ramassés à la Fête-Dieu, les barbeaux étanchent aussi les blessures, arrêtent les saignements de nez. Autre remède pour les yeux malades : épongez-les avec une eau tiède dans laquelle auront trempé vingt-neuf gros épis — pas un de plus, pas un de moins — et que vous aurez reliés en gerbette.

Diables, sorciers ni garous n'oseraient vous poursuivre en un champ d'épis; la foudre elle-même n'oserait vous y toucher; le feu du ciel ne tombe pas sur la maison dans laquelle on a pris la précaution d'attacher des épis doubles, soit au plafond, soit au-dessus des miroirs. Inutile d'expliquer que l'épi, tête de la plante, vaut tout ce que vaut la graine, sinon davantage.

⁂

Ce qui est bon pour les hommes, non moins bon pour les enfants, ne peut être qu'excellent pour les bêtes. Le pain guérit les animaux, les maintient en santé, en vigueur et en bonne humeur. Voyez plutôt.

Au bétail qu'on mène pour la première fois de l'année au pâturage, on donne à manger les vieilles croûtes de la maison, et les raclures de pâte qu'on a retirées de la maie à pétrir et de la pelle du four. Ces mêmes raclures et du grain de trois espèces différentes sont servis à la vache grosse dont on veut faciliter la parturition. A Noël et à la Saint-Sylvestre, on rassemble des échantillons de toutes les céréales cultivées dans la contrée : froment, avoine, sarrazin, orge, épeautre, seigle, millet et on en donne trois poignées à chaque bête dans l'étable et l'écurie, sans oublier la volaille dans la basse-cour. En plusieurs fermes, on préfère moudre ce farrago et le faire manger sous forme de galettes grossièrement figurées en hommes et animaux. On en distribue la majeure partie séance tenante, et on en conserve le restant en cas d'accidents ou de maladies. Ces poupées, grâce à leur forme, à leur matière, au jour en lequel elles ont été fabriquées, acquièrent une valeur fétiche de premier ordre, elles passent pour avoir sur les bêtes un effet équivalent à celui de l'hostie sur les chrétiens.

VI

ACTION INDIRECTE

Le Pain et le Blé comme véhicules magiques

Nous avons passé en revue les effets magiques plus ou moins directs de la grande céréale. Il est temps de l'étudier comme véhicule d'influence et d'aborder le chapitre varié de ses manifestations indirectes. Les immédiates ne s'exerçaient que d'une manière favorable à l'homme, mais les médiates lui peuvent être nuisibles et même très nuisibles. Il va de soi que les instruments de transmission n'ont, en raison de leur passivité, d'autre caractère que celui qui leur est imprimé et ne valent que par l'intention qui les dirige.

Nous aurions pu déjà mentionner que, par son contact répété avec le don de Dieu, la pelle du four n'a pas manqué d'acquérir des vertus curatives. On les utilise en attachant sur la dite pelle l'enfant fébricitant ou malingre et en l'introduisant par trois fois dans l'antre obscur que la pâte a fait chaud et odorant.

Le même instrument est passé et repassé sous le ventre des chevaux malades ; il est mis à contribution en de nombreuses circonstances. Mais pour lui conserver ses énergies, il est indispensable de le tenir en honneur et en considération ; il est défendu à la marmaille de le traîner dehors, de le salir, de monter dessus.

D'après les autorités qui régissent la matière, il n'est charme plus puissant que celui des cheveux, ou, mieux encore, des poils de l'aisselle, et vous allez voir comment l'aisselle — entre parenthèses — est précisément l'endroit qu'ont choisi nos médecins pour placer le thermomètre au moyen duquel ils mesurent l'intensité des fièvres. Les poils ou cheveux dont il s'agit sont pulvérisés, et l'on en saupoudre la pâte d'un gâteau dont goûtera la personne qu'on veut tirer à soi. De la sorte, on se fait manger à dose homéopathique, mais il n'en faut pas davantage suivant la théorie dont il s'agit. La loi primordiale des créatures étant que « le semblable recherche son semblable », le bailleur de philtre, en introduisant dans un autre organisme le plus insignifiant fragment de son être, s'y introduit lui-même ; en jetant en appât une minuscule partie de son être, il ne manquera pas d'acquérir la possession entière, corps et âme, de la personne convoitée. Avec le minimum d'effort, comment obtenir le maximum d'effet ? Tel est le problème que se posent et que résolvent chacune à sa manière la mécanique, la magie et la religion. C'est à cela que se résument toutes les questions posées par l'intelligence humaine.

La recette ci-dessus a été mise à profit par nombre d'amoureux et amoureuses, et l'on nous a conté mille fois l'anecdote de la jeune personne qui, ayant par hasard mordu dans certaine pâtisserie qui ne lui était point destinée, ne pouvait plus se séparer de celui ou celle qui l'avait préparée. Pour les animaux dont on veut s'assurer la fidélité, tels que chiens, chevaux, chats, vaches et même les « habillés de soies », « parlant par respect », il suffit d'introduire trois ou quatre poils susdits dans une boulette qu'on leur fait manger à la main. D'aucuns se plaquent une mie contre l'estomac et, quand elle est humectée de sueur, la présentent à l'animal. D'autres la lui font avaler après l'avoir mâchée et imprégnée de salive. Les paysans de l'ancien régime n'introduisaient pas une bête dans leur étable, sans la faire passer par cette cérémonie. Et pour que le mal du pays ne les fasse pas trop souffrir, les filles de la Hesse ou de la Souabie qui vont en condition apportent de la maison paternelle un quignon et un chanteau qu'elles grignottent de temps à autre.

⁂

Qu'un amant puisse transmettre la fièvre d'amour à une fille rien que par l'intermédiaire d'une bouchée, il est logique d'inférer qu'il peut aussi la transmettre à quelqu'un ou à quelque chose, de manière à s'en débarrasser.

Ainsi, on faisait manger à un malade une demi-galette et, avec grande formalité, on allait jeter l'autre moitié dans le ruisseau. Le principe peccant était censé passer du mangeur dans la chose mangée, et de la chose mangée « au diable », sans figure de langage.

Nous n'oserions qualifier d'honnête certain moyen de guérir un abcès.

Faites goutter le pus sur un morceau de pain dont vous ferez ensuite largesse aux poules du voisin. Les poules s'arrangeront de l'abcès comme elles l'entendront et, par aventure, le transmettront au tiers et au quart qui des œufs mangeront.

On avait cru pouvoir exempter le pain de la prohibition générale de ramasser autrement qu'avec de minutieuses précautions, et à bon escient, un objet quelconque trouvé sur la route ; on avait affirmé, un peu à la légère, que jamais, jamais pain n'est contaminé par la diablerie, jamais saturé d'influences pernicieuses. Le cas de transmission qui précède montre assez qu'il ne faut pas avoir de confiance aveugle, même envers le pain. Ajoutons qu'il paraît établi, parmi les professeurs ès-sciences magiques, qu'il faut, avec un couteau, parer le chicton de pain dans lequel un autre a déjà mordu, qu'il faut enlever les traces de ses dents... « Pour plus de propreté ? »

Vous n'y êtes pas. La propreté n'a rien à voir en pareille matière. Si celui qui trouve le pain mord à même, sans prendre la précaution de rogner le mordu ou de souffler dessus, il lui arrivera tôt ou tard le désagrément de se colleter et de se prendre aux cheveux avec le premier possesseur du pain. Pourquoi ? Parce que la rencontre de dents présage rixe violente. Il est vrai qu'après tout celui qui donne le dernier coup de dent n'a pas besoin de prendre grande précaution : il est en avantage marqué sur son antagoniste, l'issue du combat ne pourrait manquer de lui être favorable.

⁂

Pour faire passer le mal aux dents, on se met sur la tête une assiette pleine d'avoine et, s'agenouillant à la margelle d'un puits, on marmotte un charme :

> Mal aux dents, mal aux dents,
> Plonge au puits de vin,
> Plonge à la font de bière,
> Plonge, plonge dedans !

L'homme ensuite se relève brusquement, jette l'assiette, en s'écriant :

A présent,
Mal aux dents,
Cours après,
Cours après,
Mal aux dents !

Autre méthode de transmission moins gaie, moins expéditive, mais d'autant plus sûre : sans que personne en sache rien, on se glisse à minuit dans le cimetière ; on fouit lentement un trou en une tombe, où l'on se vide la bouche d'une poignée de grains dont on l'avait emplie. La cure est assurée, mais à une condition, cependant : il faut que le mort soit de sexe différent, la transmission de vivant à mort ne pouvant s'établir avec promptitude et efficacité que par la sympathie d'homme à femme, de femme à homme.

Et puisque nous sommes sur ce chapitre, nous ne pouvons passer sous silence qu'on nous déconseille fort de manger du pain dans une maison où gît un cadavre non encore enfermé dans sa bière ; surtout si le corps est celui du chef de famille. Le mort se loge dans le pain tant qu'il y a droit, tant qu'il le peut, les dents qui le mâchent se carient et ne tarderont pas à tomber.

Autres recettes non moins merveilleuses :

La mère qui va sevrer son poupard lui fera de fortes dents si, prenant bien son moment, elle le pousse et le fait tomber, la figure en avant, contre un pain blanc bien appétissant... Vous rappelez-vous par hasard que, pour les anciens Mages du Mexique, le maïs n'est autre qu'une dent de Dieu, Quetzalcoatl, tombée en terre ?

Pour vous guérir du mal aux dents, mettez-vous pendant la messe derrière l'autel, et mordez hardiment dans une croûte. Avec la messe, avec la croûte, sœur cadette de l'hostie, avec la sainteté du lieu, et la solennité de l'office, vous ne pouvez qu'être tiré d'affaire.

Avec une paille, au besoin avec un simple clou, grattez la gencive malade jusqu'à la faire saigner, puis glissez la paille encore chaude entre le bois et l'écorce d'un jeune arbre. La douleur passera dans l'arbre ; y restera, s'il lui plaît ; s'en ira, si elle préfère.

Mangez d'un pain mordu par une souris, ou que vous aurez frotté et refrotté à des racines d'arbres... La raison, c'est que votre mâchoire, par l'un ou l'autre procédé, acquerra le tranchant et la dureté des jolies quenottes blanches de la souris ou bien la tenacité, la force de résistance dont sont douées les racines du hêtre ou du chêne.

Autre sytème : mettez une paire de ciseaux dans une assiette profonde où vous verserez de l'eau tiède, puis une poignée d'avoine. Laissez reposer quelques instants. Après quoi, frottez avec l'avoine vos joues que vous n'essuierez point, mais laisserez sécher au soleil. Comprenez-vous ? Avec quelque réflexion, vous devinerez que les ciseaux sont des dents d'acier dont la trempe et le tranchant se transmettent à votre ratelier par l'intermédiaire de l'avoine dans l'eau tiède. Vous boiriez l'eau, vous mâcheriez l'avoine, l'effet n'en serait que plus certain.

Toute modeste qu'elle soit, la paille, la simple paille participe largement aux vertus du plus utile des végétaux. Nul doute que le chaume verdoyant, le stipe encore laiteux ne soient d'effet plus énergique, mais, telle quelle, la paille sèche fait encore merveille... « Une paille est assez forte pour qu'un homme s'y pende », prétend le proverbe. Comme véhicule et moyen de transmission, elle est à nul autre pareille, mettant en communication les hommes et les animaux, en rapport de sympathie les vivants avec les vivants, et même les vivants avec les morts.

On regrette d'avoir à dire que les incubes, succubes et cauchemars ont la faculté de se transformer en objets d'apparence inoffensive, tels que plumes de matelas et pailles de paillasse. Quand on est parvenu à empoigner un cauchemar — ce qui est loin d'être facile — on se trouve généralement ne tenir qu'une paille, mais ne la lâchez pas, cette paille, froissez-la, cassez-la en morceaux ; mieux encore, clouez-la à la porte de votre chambre, à l'instar des chauves-souris et des oiseaux de proie qu'on cloue à la porte des granges ; le cauchemar est une sorcière qui souffre en son corps tout le mal fait à l'objet. Souvent on a cru suffisant de le mettre sous clef dans une boîte soigneusement fermée, mais la paille finissait toujours par s'échapper à travers le trou de la serrure, redevenait esprit et réintégrait le corps de celui ou de celle qui l'avait envoyée.

Des sorcières qui se rendent à leurs soirées dansantes, les unes montent des pailles qui filent comme le vent à travers les airs ; d'autres caracolent sur leurs manches à balai, montures rapides autant que sûres et dociles. Mais elles ne sauraient franchir deux pailles en croix, force leur est de tourner l'obstacle ou de revenir sur leurs pas.

Epinglée aux rideaux du lit, une croix de paille protège le dormeur contre les vampires, contre les obsessions de l'affreux cauchemar. On arrête les saignements de nez en faisant tomber le sang sur deux pailles croisées. L'érésipèle est tenue de céder à l'emploi de pailles de seigle dont on frotte la partie malade, en prononçant lentement et à voix haute la formule ci-après :

« Je ne te nommerai point, point je ne te nommerai, mais n'as-tu pas vergogne de te montrer ainsi en plein jour ? Quitte et t'en va, tu es chassée par la vertu du fer, par la vertu de l'acier ! Et si tu ne pars pas, et disparais, moi-même je te chasserai demain matin, je te chasserai au nom du Père, au nom du Fils, au nom du Saint-Esprit ! »

... Du fer et de l'acier, quand on n'est armé que d'une ou deux pailles de seigle ? Erésipèle, on t'en fait accroire !

Se curer les dents avec de la paille sur laquelle une femme vient d'accoucher fait tomber les dents. Pourquoi ? Parce que la vigueur et la vitalité de l'individu sont par la dite paille transmises subrepticement au nouveau-né, et cela devient presque un cas d'adultère et de bâtardise.

Ce qu'il y a de mieux à faire avec la paille sur laquelle un mort a été couché, c'est de la brûler. On a voulu l'utiliser comme litière. Qu'arrivait-il ? Les vaches tombaient malades ou perdaient leurs dents.

Au cas de névrose grave, telle que chorée, danse de Saint-Gui, épilepsie ou mal sacré, arrachez au lit du malade une botte de paille. Cette paille, tressez-la en collier. Ce collier, passez-le au cou d'un cheval. Ce cheval, faites-le descendre dans une fosse où vous l'attacherez solidement. Mettez le feu au collier, et tandis qu'il flambe, jetez pelletée de terre après pelletée de terre sur le cheval qui rue et se débat, enfouissez-le lestement. La recette nous vient de Suisse.

Il sera moins cruel de faire passer la maladie en un chêne ou un pommier, qui ne pourra pas se refuser à la prendre quand on lui passera au tronc une corde de paille. Gare maintenant à qui viendrait la détacher et l'emporter ! Plus l'arbre est de nature sympathique à l'homme, mieux il se prête à la substitution. C'est le cas du sureau sur lequel on se décharge volontiers de sa fièvre. Quand on sent venir l'accès, on court vers lui, un torchon de paille au cou, et par trois fois on l'apostrophe :

Sambûque, sambûque, sambûque !
La froidure qui me tient,
Je te la passe, te la passe, passe !

Puis on revire brusquement tête sur queue, et on s'en retourne à cloche-pied.

Le nouvel attelage est dressé à bien tirer la charrue quand on met sur le front des jeunes taureaux, ou quelque part dans leur joug, trois pailles qui auront été tirées du lit conjugal. Nouvelle preuve du parallélisme entre les symboles du mariage et de l'agriculture.

Afin que la poule n'éparpille pas ses œufs et ne les égare, on lui fait un nid avec de la paille qui a servi au banquet de Noël.

Et que la ménagère, coiffée de son plus beau chapeau de paille se poste, à la lune nouvelle, devant la poule qui couve, ou devant la cage aux poussins, et bientôt les poulets et poulettes auront le chef orné de huppes et plumets superbes. Mais on ne saurait énumérer tout le bien et le mal que les habiles peuvent faire avec une petite paille. Il suffit à une sorcière d'obtenir un brin de paille d'un toit pour prendre pouvoir sur ceux qui l'habitent, par exemple sur une vache qui va vêler. Elle la piquera au ventre avec le brin de paille, et la vache ne portera point son fruit ; entre ses mains maudites, la paille a porté comme un coup de lance. Le moyen est violent ; il en est de plus détournés. Que la sorcière dérobe seulement à son voisin un bout de corde, en même temps que trois brins de paille qu'elle dressera sur le seuil de sa propre étable. Qu'elle fasse franchir les pailles à la vache et la conduise par la corde soustraite le long de la prairie convoitée et crache de temps à autre par dessus la haie. Il arrivera que sa vache engraissera, et que celle du voisin dépérira, que l'une donnera beaucoup de lait et l'autre fort peu.

Mais il est facile de rétorquer ses propres crimes contre la scélérate. Qu'on se procure seulement quatre pailles prises aux angles de son toit à elle, qu'on les casse, les déchiquète et les brûle, on lui infligera des douleurs atroces, peut-être même mortelles. C'est un duel dans lequel on se bat à coups de pailles. Qui sait ? Les enfants ont peut-être tort de se moquer de la

Grande bataille,
Sabre de bois,
Pistolet de paille.

VII

PRÉSAGES ET ORDALIES

PAR LE PAIN, LA PAILLE, LA CHARRUE, ETC.

Nous n'en sommes plus à nous étonner que le pain et le blé soient doués de vertus prophétiques, et qu'ils excellent à marquer des présages ainsi que divers objets avec lesquels ils ont été en contact et qui appartiennent à leur domaine, tels que paille et instruments de culture, charrue, herse, faucille, fléau, etc. Les exemples abondent, nous n'en citerons que quelques-uns, sans nous astreindre ni à les présenter en un ordre strict que comporte difficilement la matière, ni à toujours les accompagner d'éclaircissements ; nous préférons faire appel à la sagacité du lecteur que l'ennuyer par des redites ou des explications qu'il trouverait inutiles.

Plus encore que la pioche ou le joug, la charrue a été de tout temps chose sacrée. En Russie et en Allemagne, on dit que, pour préserver un village des épidémies, il n'est meilleur moyen que de dresser à l'entour un sillon avec une charrue traînée par deux vaches blanches, par des vaches noires, il n'importe. Le procédé nous remet en mémoire le rite prescrit par les augures de l'Etrurie pour la fondation des villes, et que suivit Enée pour l'établissement d'Eryx en Sicile.

« Quand une maison brûle, si le pain sur la table est entièrement consumé, le malheur en veut à la famille et la demeure sera bientôt détruite par un nouvel incendie. »

« Nuit de Saint-Sylvestre, pour connaître ce qui vous arrivera l'année d'après, regardez dans le four tout noir et écoutez bien les bruits que vous entendrez. »

Ce procédé n'est pas à la portée des gens dépourvus d'imagination. Le four est ici un équivalent magique du sein de la Terre. Nos destins à nous autres, populaciers pétris d'un limon dans lequel le feu astral entre pour peu de chose, nos destins dépendent moins du ciel que des enfers, et bien plus de la sombre Proserpine que du radieux Jupiter.

« En cette même nuit, piquez un couteau dans le pain pour une heure ou deux. Si des miettes adhèrent, année pluvieuse. Si la lame est humide, année de disette. »

« Voulez-vous adresser au sort des questions personnelles ? Pensez votre demande, mais rien n'en dites. Jetez sur la table cinq boulettes de pain. Si elles tombent en croix, réponse affirmative ; elle est négative si elles affectent tout autre forme. Des boulettes, c'est bien, des grains d'orge ou de blé, ce serait encore mieux. »

« Pain cuisant, en partie se déchirant, noces prochaines. Pain cuit fendu tout à fait et séparé en deux ou trois tronçons, tristes nouvelles, mort d'un proche, cœur blessé. »

« Le mariage sera-t-il heureux ? Dans une assiette d'eau, jetez de l'avoine ; si elle surnage, bon signe, sinon non. »

« Au dîner de noces, faites râfle des débris de pain laissés par les convives, et, sans mot dire, cachez-les dans votre armoire. La personne mourra première dont le pain est premier à moisir. » Effet de sympathie.

« Nuit de Saint-André, faites un pilot de farine ; au matin si votre petite pyramide s'est éboulée, réglez vos comptes avec le monde et avec Dieu, préparez-vous à faire mort chrétienne. »

« La nuit du 17 juin, une goutte miraculeuse tombe du ciel dans le Nil et lui donne le pouvoir de grossir et d'enfler. C'est la crue qui va commencer, et tous les habitants vont et viennent le long du fleuve, tâchant dans l'obscurité de discerner la chute de la malheureuse goutte. Après le coucher du soleil, il en est qui, tentant la Providence, pétrissent de la farine dont ils font des boulettes sur lesquelles ils impriment chacun son cachet et les laissent toute la nuit sur la terrasse, sous la rosée qui descend des étoiles. Au matin ils les regardent attentivement. Une boulette sans fissure appartiendrait à quelqu'un qui ne vivrait plus longtemps, mais une boulette largement fendillée présage longue vie. »

« Un des communiants mourra bientôt si dans le saint-ciboire il se trouve une hostie en trop, rien qu'une. »

« Si après avoir bien balayé, on est surpris de voir encore une paille sur le plancher, on aura bientôt des hôtes. » Cela s'explique : aux temps du bonhomme Jadis, on festoyait sur des pailles et jonchées.

« Vous rencontrez deux pailles en croix sur votre chemin ? C'est une invitation à retourner sur vos pas. Vous passez outre. Gare qu'une autre croix se dresse bientôt sur une tombe que vous devinez. »

« Gare encore si une botte de paille tombe du grenier sans raison suffisante. » Pensez donc ! Les morts sont couchés sur la paille.

« Et gare si un brin de paille tombe sur le dos d'une poule qui l'emporte sans y faire attention. Et si la paille porte épi, bientôt on emportera un jeune homme au cimetière. »

« Un vol a été commis. Que le maître assemble la maisonnée, distribue à tous et à chacun des pailles de même longueur qu'il se fera rendre quinze ou vingt minutes après... Celle du voleur aura allongé. » Le procédé réussit au moins une fois, un jour que le voleur se trahit en mordant le bout de sa paille pour la faire paraître plus courte.

« Mon petit Jean, si le pain que te donne Bonne Maman se casse et s'ébrigaille dans tes mains, c'est que tu aurais oublié de faire ta prière. Ma petite Jeanne, si le couteau de maman qui te sert à goûter ne veut pas aller droit, c'est que tu as menti, pas n'est un long temps. »

Mais voici quelque chose de plus étonnant que tout le reste. Quelqu'un s'est noyé, il s'agit de retrouver son corps. Eh bien ! Cuisez un pain, sur sa croûte écrivez le nom de l'homme disparu, puis jetez la miche à l'eau, et suivez ses mouvements. Elle cherchera sa direction, flottera ici et là, en apparence au gré du vent et des courants, et finira par s'arrêter sur le cadavre.

⁂

L'ordalie par le soc de la charrue portait le nom technique de *judicium ferri* ou d'*examen pedale*. Des socs au nombre de six, neuf ou douze étaient rangés sur le sol à intervalles égaux, on les avait chauffés à rouge, et l'accusé prouvait son innocence s'il pouvait marcher, sans être blessé, sur le fer incandescent. Cette épreuve était imposée aux laboureurs, aux paysans et, en général, au menu peuple. Quant aux nobles, ils avaient l'avantage le plus souvent d'en appeler au jugement de Dieu par l'épée et de s'administrer des coups d'estoc et de taille en fait de preuves et d'arguments.

M. Lea, qui a beaucoup étudié ce sujet dans son laborieux

ouvrage, *Superstition and Force*, rapporte, d'après la *Gazette de Bombay*, un fait de ce genre qui s'est passé à Oudaïpour, dans l'Inde, pas plus tard qu'en 1873. Un cultivateur, pour se disculper de quelque méfait, fut obligé de tenir un soc chauffé à blanc dans ses mains nues ou à peu près, car les feuilles de pipoul dont il les avait enveloppées ne leur donnaient qu'une protection illusoire : le pipoul, plante sacrée, n'avait dans l'espèce qu'une signification religieuse.

Jacob Grimm le remarquait déjà : c'est parce que la charrue était un objet sacré que la justice en appelait à son témoignage. On l'employait pour contrecarrer les malices des jeteurs de sorts, pour mâter et dompter les suppôts du Diable.

Et comme on comptait par feux les familles d'un canton, l'on comptait par charrues les exploitations agricoles d'un district. Les paysans français évaluaient les superficies de terrains arables par charrues, journaux ou journées de labourage ; et c'est pour s'accommoder à leur langue que la métrologie officielle a adopté la désignation d'ares et d'hectares.

Suivant l'ancien droit germanique, la Trève de Dieu ou la Paix du Roi devait s'étendre autour du castel, demeure du monarque suzerain, au nord et au septentrion, au levant, au couchant, sur une étendue de terrain qu'on déterminait en mesurant dans chaque direction trois milles — ving-et-un kilomètres environ — plus trois largeurs de champ, plus trois largeurs de sillon, plus neuf grains d'orge rangés bout à bout. Ce qui prouve, remarque encore J. Grimm, que le grain d'orge était l'unité qu'on mettait à la base des mesures de surfaces. Aujourd'hui, on couvre volontiers un tableau de pièces d'or ; les paysans dont s'agit eussent aimé voir leur sol caché sous les grains d'orge étalés. Il y avait aussi la paille comme mesure de longueur, à laquelle se rapporte mainte superstition contemporaine, entr'autres celle de mesurer un malade avec des pailles, et, selon que sa taille a varié, le lendemain ou trois jours après, il doit guérir ou mourir. Il n'est de meilleure preuve de la haute vénération qu'entretenaient nos ancêtres pour la charrue que la rigueur extrême avec laquelle ils en défendaient la propriété. Qui dérobait une charrue était condamné à mort ; il était réputé sacrilège et non moins coupable que s'il avait volé des vases sacrés dans une église. La charrue, disait-on, est de Dieu qui sacre le paysan avec le hoyau, comme le noble avec l'épée et le roi avec le sceptre.

VIII

OFFRANDE DU PAIN

AUX MORTS, AUX GÉNIES ET AUX DIEUX

Nourrir les morts, et spécialement les mânes des ancêtres, passait dans l'antiquité pour l'acte pieux par excellence. Car il était, il est toujours de croyance vulgaire que des esprits nous environnent en tous lieux, nous entourent à tous moments. Les bois, les pâtis, les landes grouillent sous leur surface d'innombrables habitants, et les âmes des ancêtres pullulent sous les mottes de la terre qui est transmise de père en fils. Elles essaiment dans l'ombraie que traverse le ruisseau murmurant ; elles foisonnent dans la feuillée au-dessus de la grange, dans le puits de la cour, aux étables, écuries, parcs et poulaillers, dans les coins et recoins du grenier, sur l'auvent de la chaumine. Les cendres des aïeux se mêlent à celles du foyer, où elles se nourrissent tant bien que mal du fumet des viandes, des odeurs de la marmite et du chaudron. Ce monde passe son temps à avoir faim tout comme les vivants. Ce n'est point que ces ombres impalpables réclament une nourriture abondante — mais comme elles sont nombreuses ! Les nuages de moustiques, les épaisses volées d'éphémères, les mouches bourdonnant dans les cuisines du Midi donnent quelque idée de leur multitude. Nul aliment ne leur est plus agréable que celui qui leur est servi tout exprès, aucun ne leur agrée davantage que le pain, rien ne les nourrit comme les miettes qu'on leur offre avec des paroles bienveillantes.

« Balaie tes miettes dans le foyer pour les pauvres âmes », prescrivent les bonnes grand'mères. « Les pauvres âmes pleurent de chagrin, cela leur fait un mal qu'on ne peut dire quand elles voient qu'on gaspille les miettes sans profit pour personne, qu'on les salit, qu'on les écrase sous les pieds. Il est pieux de recueillir les miettes qui, d'un dimanche à l'autre, tombent autour des assiettes, et de les jeter au feu le samedi soir. »

« Il n'est pas bien de ramasser les tailles de soupe qui tombent par accident de la cuillère à potage ; il faut les laisser aux pauvres âmes qui en font leurs choux gras. »

On serait impardonnable de ne pas se souvenir des âmes à la Toussaint, jour qui leur est spécialement consacré. Celles qui ne cohabitent pas avec les hommes désertent alors en foule leurs sombres demeures. Même celles qu'emprisonne le Purgatoire sont alors mises dehors. Elles affluent dans les maisons amies, où il est de règle de leur servir un repas composé de trois, six ou neuf plats. Les plus pauvres prennent sur leur misère pour leur faire l'aumône d'un peu de farine. En Angleterre, on leur cuisait des gâteaux qu'on distribuait au dehors, comme ceux que les Grecs et Romains exposaient aux trivies et carrefours. En Pologne, on leur dispose des tortillons aux quatre coins des tombes et du cimetière. Au jour des Morts, les Tchouvaches allument autant de chandelles qu'il y a de morts respectés dans la famille. Le fils aîné les appelle à haute voix, leur offre du pain, en mange le premier morceau, le dernier appartient au chien qui assiste à la cérémonie. Les Tchérémisses — pauvres gens ! — font une fête quand ils cuisent le pain, et se reprocheraient fort de n'en apporter les prémices sur les tombes de leurs proches.

En plusieurs endroits, les gens se couchent de meilleure heure pour mettre plus à leur aise les âmes qui vont et viennent, inspectent, flairent les coins, parfouillent les recoins ; elles se mettent au courant des affaires du monde ; quelques malheureuses pansent leurs blessures avec l'huile des lampes, d'autres avec le suif des chandelles. Que les proches prospèrent et ne les aient point oubliées en cette fête de famille leur est à soulas et réconfort.

Pareillement en Chine, la veille du solstice d'hiver, on a coutume de faire cuire des boulettes de riz, grosses comme noisettes, qu'on dépose sur l'autel domestique. Après que les ancêtres en ont pris ce qui leur a convenu — l'odeur peut-être — la parenté dévotement s'assemble, consomme en partie ces croquignoles, car les morts n'ont consommé que la substance immatérielle du pain, que le bouquet du vin, laissant la partie grossière et tangible des aliments sans y toucher. Le reste des bonbons est appliqué aux portes et fenêtres en offrande aux esprits du dehors. Il faut dire qu'en dehors du culte rendu aux lares et pénates, on se croit obligé de témoigner quelque attention aux âmes errantes. Les malheureux qui, n'ayant point laissé de progéniture, n'ont pas de demeure à eux, crèvent la faim et la misère, s'aigrissent et s'enfièlent, se font chagrins et malfaisants, vampirisent les vivants, leur sucent les entrailles, les épuisent et exténuent, causent toute sorte de maladies. Remarquons en passant que la conception générale enseignée par les Chinois sur la vie des esprits diffère peu au fond de celle qui a cours chez nous. Donc, soit par compassion, soit par mesure de prudence, il faut soulager leur triste sort, et on s'y applique tout particulièrement en la fête de Fu-Yug-Ku ; traduisez : « Désaltérons les bouches brûlantes ». On convie les morts en battant le tambour, en sonnant des clochettes, en allumant des bâtons d'encens à parfums pénétrants, et de nombreuses lanternes inscrites de charmes à l'encre rouge, avec indication de l'endroit de réunion. Parfois, c'est une maisonnette construite exprès, avec côté des dames et côté des messieurs, et une grande salle de banquet qui prend tout le milieu du bâtiment. Les hôtes de l'autre monde commencent par se délasser dans un bain, font un brin de toilette, puis ils passent dans les salons de conversation et de là au festin qui les réunit tous et trétoutes. L'hospitalité n'est pas toujours si opulente, mais tant pauvre soit-elle, revenants et revenantes trouveront toujours seaux et cuvettes pour y rafraîchir leurs membres lassés par la longueur du chemin, souillés par la poussière des routes. Les plats qu'on leur sert consistent presqu'exclusivement en farineux, maïs sous toute forme : nouilles, fouaces, vermicelles, beignets... Les missionnaires chrétiens qui transmettent ces détails ajoutent, non sans ironie, que les précautions sont poussées au point de mettre des cuillères à côté des terrines de bouillie, afin que les âmes, qui, par malechance, ont été décapitées, se coulent la pâtée à même dans le gosier.

A leur fête des morts, les Japonais exposent sur les tombes des aliments qu'ils embarquent, nuit venue, sur les petits bateaux avec voiles de papier et bougies allumées dans des transparents. Rien n'est plus joli que ces milliers de barquettes, flotilles lumineuses se balançant sur les eaux.

Suivant l'antique droit germanique, tel que le philosophe et jurisconsulte Gaius l'a déduit de la coutume des Aryas, le fils n'entrait en possession de l'héritage qu'après avoir servi aux mânes paternelles le repas funèbre. Ce repas, dans lequel s'effectuait le transfert d'autorité, le changement de règne, avait triple caractère : le mort y faisait remise du bâton de commandement à son successeur ; il adressait des adieux définitifs à la famille assemblée devant lui ; il s'entourait, pour la première fois, des défunts, ses futurs compagnons qui devaient l'introduire dans les sombres demeures, et qui étaient portés à lui faire une réception d'autant plus favorable que le festin auquel ils avaient été invités s'était montré plus somptueux.

L'anniversaire du décès était naturellement célébré par un repas auquel l'ancêtre était censé amener les membres de sa famille qui l'avaient accompagné ou suivi dans la tombe. Peu à peu, ces fêtes devinrent une pension alimentaire servie, non plus seulement au chef de la tribu ou de la gens, mais à tous les aïeux, suivis de leur cortège de serviteurs et clients.

Le premier devoir que la loi de Manou imposait au chef de maison était d'allumer un feu en l'honneur des ancêtres et de leur offrir des gâteaux de riz et des libations. Le patrimoine d'une famille avait été primitivement constitué en bien de mainmorte, le fondateur de la race en restait l'éternel propriétaire, et les descendants en leurs générations successives n'en étaient que les usufruitiers. De là les répugnances manifestées en tant de pays pour l'aliénation, et, même, pour la simple subdivision du patrimoine, car l'ancêtre qui s'était incorporé à la terre, le dieu patron de la gens, ne pouvait être aliéné, ne pouvait être scindé. La perpétuité de l'héritage était assurée par la perpétuité du repas funèbre servi aux aïeux. Ce repas entretenait les bonnes relations de l'éponyme et de sa descendance. Tantôt les vivants conviaient le mort, tantôt le mort était censé convier les vivants. Entre de ci et de là, les communications n'avaient pas été brusquement et rigoureusement interrompues, comme elles le sont chez nous.

C'est parmi les héros du temps jadis que se sont recrutées les diverses cours célestes. Les armées des morts ont peuplé de génies les airs, la terre, les eaux, les fleuves et fontaines, les bois et forêts, les collines, ravins et cavernes, jusqu'aux flammes et fumées. Les ancêtres du chef ont insensiblement passé dieux, patrons et protecteurs du pays. Des repas funèbres sont à l'origine de la plupart des cérémonies cultuelles, pour ne pas dire de toutes. Les défunts emplissent la nature, sont devenus les moteurs et les instigateurs universels ; on expliquait par leur intervention les divers phénomènes de physique ou de chimie dont on ne se rendait compte ; ils répartissaient la pluie et le beau temps ; de l'observation dévotieuse des festins auxquels ils présidaient dépendaient la fertilité des champs et l'abondance des moissons ; il fallait se montrer généreux à leur égard, pour qu'à leur tour ils se montrassent reconnaissants et fissent tourner la chance en faveur de leurs protégés. La fréquentation de ces esprits invisibles, la nourriture prise en commun donnait au chef de famille vigueur et courage, lui valait autorité sur ses inférieurs, respect parmi ses pairs.

« Une once de pain de Toussaint fait vivre davantage que deux livres mangées tout autre jour », dit-on en Souabie. Bien plus, on croyait, dans les Flandres, pouvoir racheter autant d'âmes du Purgatoire qu'on mangeait en ce grand jour de ces panicules appelés gâteaux des âmes, et Dieu merci, un Flamand est doué d'un puissant appétit quand il consomme pour le bon motif.

« A chacun de ses repas, il faut entamer un pain frais », dit-on encore, et faites attention : n'en laisser ni mie ni miette, si l'on tient à avoir bonheur dans l'année. « Plus on boit, plus on mange aux enterrements, plus les âmes se réjouissent au Paradis, mieux elles se consolent au Purgatoire », *plenis inde recreantur mortui,* disaient au Moyen-Age les moines de Quedlimbourg. Leur opinion fait toujours loi en la matière, elle était d'ailleurs fondée sur les plus anciennes traditions, et déjà Charlemagne interdisait aux Germains, sous peine de mort, de danser, chanter, et festoyer sur la tombe de leurs ancêtres païens. Les paysans d'Allemagne jamais ne mangent avec plus de conscience qu'à leurs grands repas de la Toussaint et des enterrements. On sait, d'ailleurs, qu'un chagrin modéré creuse l'estomac. « Le pain console les grandes douleurs », disait le magnanime Achille en invitant à sa table le roi Priam, courbé sous le poids de son affliction. Aux repas funèbres, il est défendu de laisser aucun reste.

Divers sont les motifs de cette prohibition, mais le plus important, le plus vrai, on le tait soigneusement : la défiance trop justifiée tant des sournoises divinités d'outre-tombe que des maudites sorcières qui ne demandent qu'à mésuser des reliefs. Cette raison n'étant pas de celles qu'on aime à produire, on a préféré en donner une on ne peut plus honnête et qu'on a fini par croire : pour être efficace, le pain des funérailles doit être offert tout entier et de grand cœur ; et ceux qui l'acceptent sont tenus de lui faire honneur, de montrer qu'ils n'y ont pas regret, eux non plus, et qu'ils ne mangent pas du bout des dents. Une première générosité fera ricochet de bons procédés et de bonnes fortunes.

C'est à cette croyance et aux idées qui en découlent que nous rapportons l'origine de la coutume si agréablement hospitalière chez les Moraves et la plupart des populations slaves ; on présente un pain au visiteur : « Coupe, l'ami, lui dit-on, coupe bravement, prends tout le rond et tu feras enfler les épis ! » Et, si le nouveau venu est un jeune homme, on ajoute : « Mange, mon gas, ne laisse pas une bouchée pour que ta belle rien ne te refuse ! » Et, dans le canton de Vaud, le jouvencel, dans sa cage d'osier garnie de feuillage, qui allait de porte en porte avec ses épouses de mai, était reçu à bras ouverts par le paysan : « Allons, follin, bois et mange, tant plus tu mangeras, tant plus nous aurons du soleil ! »

⁂

Insensiblement, les fêtes des morts perdirent leur caractère purement familial pour prendre un caractère collectif ; on eut des doutes si les morts dévoraient réellement la substance des mets qui leur étaient présentés. Les pauvres profitèrent de l'incertitude et on leur fit des distributions au nom du défunt qui fit abandon de droit, dont on lui tint compte en reconnaissance et en prières adressées au ciel à son intention.

Nous avons un exemple évident de la transition, dans le passage d'un de nos livres apocryphes relativement assez récent ; le père de Tobie recommande à son fils : « Dépose du pain et du vin sur la sépulture du juste ». L'auteur du roman n'explique pas s'il entendait que ces victuailles fussent consommées par le juste en personne qui, dans ce cas, n'aurait pas encore « perdu le goût du pain », ou par les indigents qui seraient venus les prendre sur sa tombe. La dernière explication est assurément la plus probable.

En tous cas, nous voyons les Musulmans, dès l'origine de leur religion, distribuer volontiers leurs aumônes dans les champs des morts. Il n'est guère de villages d'Egypte dans lesquels on ne voie la sépulture de quelque cheik ou santon, sur laquelle des personnages charitables font largesse de pain et même de monnaie. C'est le cheik qui est censé les offrir lui-même au pauvre voyageur, continuant ainsi son œuvre de bénédiction, même après sa mort. Dans le cimetière de Girgeh, nous avons remarqué des cruches pleines sur plusieurs pierres tumulaires. On voit fréquemment des porteurs d'eau se tenir à côté d'une tombe et mettre leur outre à la disposition d'un chacun. Au soleil couchant, on donne du pain et du lait dans la maison d'où l'on vient d'emporter un mort. Au Caire, il n'est pas rare de voir, en tête du cortège qui conduit le défunt à sa dernière demeure, un ou deux chameaux portant des corbeilles pleines de pain, des jarres d'eau. Sur plus d'une tombe, il est distribué du pain chaque semaine ou même chaque matin. Parfois ces charités posthumes s'étendent jusqu'aux animaux, et l'on émiette du pain dans les fourmilières, aux oiseaux de l'air, aux poissons du Nil. Il en est jeté même dans le feu, afin que celui qu'on pleure, en quelque élément qu'il habite, trouve des amis que lui auront valus les bienfaits répandus à son intention. La reconnaissance même d'une fourmi sera d'un grand poids auprès du souverain juge des vivants et des morts.

Les sépultures qu'on découvre journellement au nord et nord-ouest de l'Allemagne, de l'Elbe à la Vistule, et qu'on attribue aux populations germaniques d'avant la conquête romaine, notamment aux Vandales, abondent en petits dépôts, tantôt d'orge rôtie, tantôt de gâteaux plus ou moins volumineux, qu'on avait mis là sans doute pour l'approvisionnement exclusif du propriétaire. Mais, là comme ailleurs, l'intérêt collectif prit insensiblement le pas sur l'intérêt strictement personnel ; on finit par sympathiser davantage aux besoins actuels du prochain, toujours visible, qu'aux besoins hypothétiques du défunt, qu'on ne voyait plus. De sorte que les offrandes, qu'on avait d'abord emmagasinées à l'intérieur de la tombe, furent avec le temps déposées à l'extérieur, mises à la portée d'autres esprits, des indigents et même des animaux.

L'*Alfwissmal* donne à croire que, déjà, lors de sa rédaction, la cérémonie des funérailles consistait avant tout pour le public en une distribution de blé. Robert Wace raconte que le duc normand Richard fit construire à Fécamp une abbaye où il plaça, sous une gouttière, son sarcophage que chaque vendredi on emplissait de froment pour le distribuer aux pauvres, ingénieux moyen de donner au souverain juge la mesure de ses bienfaits. Tel qui n'en pouvait faire autant, ne disposant pas comme le duc des richesses d'une grande province, ordonnait de verser une ou plusieurs charretées de grain sur sa tombe jusqu'à ce qu'elle disparût sous le monceau, qui était ensuite distribué en aumônes. Actuellement, dans l'Allemagne méridionale catholique, il n'est contre les migraines persistantes de meilleur remède que celui de se faire fabriquer par le potier une sorte de calebasse ayant figure humaine, qu'on emplit d'orge pour en faire hommage à quelque saint ou madone. Dans les cantons de l'Eifel, les pauvres emplissent de froment la coiffe de l'enfant malade ; les riches font plus, ils donnent en blé le poids de l'enfant et même de l'enfant dans son berceau. Chaque année, les dévots bavarois versent des charges de maïs sur le crucifix devant lequel ils prient pour les « pauvres âmes » : ils le recouvrent entièrement et le maïs passe en messes. L'acte méritoire est accompli le vendredi-saint, jour auquel Jésus, attendri par ses propres douleurs, se montre plus compatissant.

En maints endroits, l'honneur rendu aux morts s'évalue d'une façon très exacte et même se pèse au kilogramme. Plus il est distribué à l'enterrement de livres de pain, plus le défunt charitable, au moins après décès, a chance d'aller droit au ciel. Le plus beau moment des obsèques est celui auquel d'abondantes victuailles sont réparties entre les indigents de la paroisse et des environs. Plus d'une famille se ruine à cette occasion. Nombreux sont les Prudhomme dont l'enterrement est le plus beau jour de la vie, et qui se consolent de la ruine de leurs héritiers et même d'une existence misérable et parcimonieuse par l'anticipation des glorieuses funérailles qui les attendent.

A ce propos, mentionnons la distinction qu'on a faite entre les offrandes mortuaires, selon qu'elles consistent en blé ou en pains et gâteaux. On a cru pouvoir affirmer *a priori* que les offrandes de blé ne pouvaient manquer d'être les plus anciennes, puisqu'elles marquaient plus de simplicité. Mais cette simplicité n'est, le plus souvent, qu'apparente. Il est plus expédient de considérer l'usage que la nature de l'offrande. Le pain, les galettes pouvaient être mangés immédiatement, et il ne tenait qu'au défunt d'en tirer parti tout de suite. Quant au blé à l'état brut, sa distribution marquait plus de largesse, des approvisionnements plus abondants, et sa conservation dans les tombes a eu, le plus souvent, une signification lithurgique et symbolique dont il sera parlé ci-après. Ce n'est pas à dire que l'une et l'autre conception ne se confondent pas souvent, et que les deux usages n'aient pas existé simultanément. Ainsi les momies d'Egypte, aux mains desquelles on a trouvé des semences, ont parfois des pains enveloppés dans leurs bandages ; on en voit des figurines recevant des offrandes, tantôt en pain, tantôt en gerbes, avec des inscriptions semblables à celle-ci : « Certes, vous serez bien aimés de l'Etre Bon, vous aurez votre part des pains présentés à Maout, Amun et Khus, lesquels vous introduiront dans la Grande Région du Pays de Vérité ! »

La transition était insensible des offrandes mortuaires aux œuvres de pure charité, elle n'est pas mieux tranchée entre les offrandes qui sont faites aux morts et celles qui s'adressent aux dieux et génies de tout nom et de tout habitat. En effet, comment distinguer entre ces nombreux esprits, qui ont tous, ou à peu près, commencé par être des hommes ayant chair et vie ?

Les drudes et incubes qui, sous forme de cauchemar, s'abattent sur les dormeurs, ne sont pas moins friands de gâteaux et de farine que les divinités du ciel et des éléments ; l'homme qu'ils tourmentent se fait parfois relâcher sur la promesse de leur donner un pain.

Chaque nuit, dans les paysannières bien ordonnées, on prend grand soin d'envelopper le pain dans la nappe ; les ménagères sensées vous diront que c'est pour l'empêcher de prendre la poussière, et les niaises parce qu'il a besoin de dormir, lui aussi. Mais ces raisons ne sont pas topiques ; les fellahs d'Egypte savent mieux : ils recouvrent le pain au nom d'Allah le Miséricordieux pour empêcher les djins d'en absorber la saveur et la substance.

Mainte paysanne ne se déciderait pas à pétrir avant d'avoir jeté derrière elle une poignée de farine au four. Elle ne manquerait pas, après avoir terminé, de façonner avec la dernière râclure de la mie une pincée de pâte, à laquelle elle donne une forme singulière, la cuit à point et enfin la jette sur les charbons ardents.

Il n'est pas dit que cette attention s'adresse seulement aux lares ; que parmi les esprits du foyer qui sont aussi honorés, il ne faut pas comprendre des péris, génies de la flamme ; qu'il ne faut pas comprendre le feu lui-même. Est-ce que les âmes des morts n'ont pas peuplé tous les éléments et tout l'espace sur la terre, au-dessus et au-dessous ? Tout singulier que nous paraisse le fait, nous apprenons, par affirmations positives et incontestables, que le génie du feu a un faible pour le pain. En mainte chaumière allemande, on tient en réserve un gâteau cuit à nouvel an, sous la forme grossièrement approchée d'un quadrupède, gueule béante, et qu'on appelle le *loup*. Si la cabane venait à prendre feu, on le jetterait au milieu du brasier pour obtenir qu'il ralentit ses ardeurs. Il faut expliquer que, dans la mythologie scandinave, Loki ou le feu *(Loki, loh)* avait engendré le loup Feurir, et que, dans l'espèce, le loup toujours affamé symbolise la flamme dévorante.

Avant que les compagnies d'assurances eussent pénétré dans le Tyrol, quand éclatait un incendie, le propriétaire des maisons menacées jetait un pain dans le brasier afin de calmer la fureur des flammes. Il jetait le pain et s'enfuyait tout aussitôt de peur que le feu ne lui courût après afin de s'en faire donner un autre. On exécutait alors une manœuvre pleine de prouesses : on tournait la maie du côté du feu et on la portait trois fois autour du bâtiment qui brûlait, comme pour dire au génie dévastateur : « Tiens-toi tranquille, rentre en toi-même et l'on t'emplira la maie. » En effet, à la moisson, une galette faite avec du blé nouveau était jetée au feu, tandis qu'on chantait :

Tiens, feu, tiens !
Le tien prends,
Le mien laisse !

⁂

Cousines de Paris étaient les « bonnes âmes » qui s'employaient dans la maison, rangeant, redressant, ravaudant, prévenant les accidents, maladies et incendies, se rendant utiles de mille et mille manières. Elles avaient moins de besoins qu'une souris blanche, mais encore leur fallait-il se sustenter, et elles grignotaient d'un pain par ci, d'une gaufre ou galette par là, puis voyaient à la pâte qui levait, la faisaient réussir au four, donnaient aux miches d'être savoureuses et nourrissantes. Nos grand'mères ne pouvaient récompenser autrement ces aimables créatures qui ne voulaient pas qu'on les remerciât, ni même qu'on parût s'apercevoir de leur présence, et se gardaient bien de compter ou de peser les grains mis à cuire. « Mais depuis que les gens sont devenus si regardants, les bonnes petites spirites sont parties, elles sont allées Dieu sait où. Plus nous ne les verrons, et c'est grand dommage ; car avec elles ont disparu la bonté du sol et la graisse des sillons ; depuis, c'est à force de bras, d'argent et de fumier qu'il faut extorquer ses fruits à la terre, qui ne rapporte plus qu'à regret. Les hommes n'étant plus généreux, les champs ne sont plus fertiles, il n'y a plus qu'une loi « donnant donnant », et les temps sont bien difficiles pour les pauvres gens, mon cher Monsieur ! »

Et n'oublions pas tout à fait les filles du vent et de la forêt, pour lesquelles les bons bûcherons oubliaient de propos délibéré quelque croûte sur un billot de bois, laissaient tomber des miettes sur un tronc coupé : « La fadette les ramassera », pensaient-ils.

***

Du moment que le feu lève des contributions, pourquoi les génies de l'air ne feraient-ils pas aussi valoir leurs droits ?

Les contes norvégiens racontent que le vent du nord n'éprouve aucun scrupule à prélever au-delà du tribut qui lui est dû et qui n'a pas été acquitté en temps utile. La coutume de lui servir quelques poignées de farine s'est perpétuée jusqu'à nos jours, depuis les temps reculés du paganisme slave. Quand la tempête se fait menaçante, on va jusqu'à lui sacrifier tout un sac.

Cette pactisation avec les puissances infernales est réprouvée par des chrétiens plus sévères. Au vent qui souffle, ils n'envoient d'autre hommage que celui des couteaux, haches ou serpes lancés droit fil à l'encontre ; et ces instruments ont été souventes fois retrouvés, la lance marquée de gouttes sanguinolentes... « Oui, des taches de rouille ! », avancent ces esprits forts, qui en savent toujours davantage que père et mère.

Les chrétiens éclairés dont il vient d'être fait mention en savent juste autant que les *Mille et une Nuits*. Au dire de ces contes arabes, les Zobéahs, ou trombes de sable et poussière, ne sont autres que des djins, qui, nonobstant leur effrayante puissance, ont une telle peur des couteaux que l'on en a fait reculer plus d'un en leur criant : « Gare, voici le fer ! »

En Bohême, le vent d'orage est détourné par le procédé que nous avons vu employer contre la flamme d'incendie. Mise debout contre la porte, la maie est orientée avec soin, puis on y dépose avec solennité un pain que l'on coupe en quatre suivant les points cardinaux. Cela fait, on marmotte une incantation, et l'on pique le couteau dans la miche en lui donnant la direction qu'on veut imposer à l'orage.

Toujours en Bohême, le vent passe pour être mâle et femelle. Vent et vente dansent et valsent dans les tourbillons qui entraînent feuilles et poussières. La vente est appelée Mélusine, vrai nom de sorcière. Qui va dehors quand la tempête fait rage s'expose à ce que dite Mélusine le frappe et l'ammaladise en se mêlant à son souffle et en entrant dans ses poumons. Afin de l'apaiser quand elle siffle et gronde, on lui jette de la farine par la fenêtre : « Mélusine, c'est pour toi et tes enfants ! »

Il paraît que les hurlements et gémissements du vent passent pour les lamentations de Mélusine qui cherche ses enfants morts ou perdus. Impétueux et violents comme ils sont, se jetant tête-bêche dans tous les trous, par toutes les fissures, comment ne s'égareraient-ils pas, ne feraient-ils pas triste fin ? Les légendes mythologiques nous disent l'affliction des déesses mères, de la triste Ærope, d'Ino qui sanglotte, de Niobé changée en rocher du mont Sipyle, et dont les larmes ne cessent de couler. Anaïtis et Mylitta, Thétys et Déméter, n'ayant pu douer leur progéniture de l'immortalité, passent une moitié de l'existence à se réjouir qu'un fils leur soit né, et l'autre à pleurer sur un corps déchiré, à caresser un visage inanimé, à baiser des yeux éteints. Les plaintes du vent dans la forêt solitaire, les soupirs de la harpe éolienne, comment expliquer leur tristesse qui va au cœur ? C'est la douleur d'une mère. Mélusine se désole, elle n'a plus ses enfants.

***

L'auriez-vous deviné ? Donar, le fulminant Donar, l'auguste Tonnerre, se montre friand d'avoine, tout comme Wodin qui la préfère à tout autre mets, et ni plus ni moins que le cheval, son compagnon préféré, auquel il ne peut rien refuser. La femme enceinte, dont le terme approche et qui veut obtenir prompte délivrance, fait manger son tablier plein d'avoine à bon cheval, pour que bon cheval dise en sa faveur un petit mot au Maître là-haut. On devine assez la similarité que l'ingénieuse personne voudrait établir entre la naissance instantanée de l'éclair et celle de l'enfant qu'elle attend. Il est parfaitement justifié, le dicton allemand : « Bouillie d'avoine, régal des dieux. »

Aux dernières nouvelles, les Finnois faisaient cuire un pain pour le Tonnerre de juillet, et, au printemps suivant, ils le faisaient manger aux « jeunesses » de la maisonnée. Comme il était tendre, on peut le penser ; mais il faisait des garçons des hommes puissants et des filles des femmes fécondes.

***

Nul n'ignore que les peuples de tout pays ont eu pour principal objet de culte d'offrir à leurs divinités des repas aussi copieux qu'il leur était possible ; étant toujours affamés, ils supposaient que, même pour les immortels, il n'est plus grand bonheur que ripailles et bombances.

« O Indra, reçois dès le matin le soma que nous t'offrons avec ces beignets, ce plat de caillé, ces gâteaux et ces hymnes ! »

A leurs dieux, les peuples riches prodiguaient les quartiers de chair crue ou rôtie, sangliers, bœufs embrochés tout entiers, du pain par charretées. Les plus pauvres comme les Toungouses barbouillaient de sang et de graisse le museau de leurs informes divinités. Le pain qu'on leur servait devait être arrosé de sang, condiment suprême et universel ; et précisément le mot d'immolation a signifié en premier l'aspersion du sang de la victime faite sur le mola ou farine de grain moulue.

La partie essentielle des sacrifices gréco-romains consistait en offrandes de pains et gâteaux à Jupiter, Vesta, Junon, à tous les dieux et déesses. Pourquoi les leur offrir, sinon pour les leur faire manger, étant, bien entendu, que les dieux se bornaient à consommer la substance des aliments, substance qui leur parvenait sous forme de parfums et d'odeurs?... Quelques citations prises au milieu d'une innombrable multitude :

« ...Il s'approche en suppliant du sanctuaire de l'antique Vesta, portant un gâteau en offrande... »

« Il suffisait d'un petit pain pour apaiser les dieux... »

« La main innocente qui touche l'autel apaise aussi sûrement les dieux irrités avec un peu d'orge et quelques grains de sel que par des victimes de grand prix. »

Passons aux Hébreux :

« Ordonne aux enfants d'Israël et leur dis : Soignez les oblations qui sont ma vivande. Vous me donnerez les prémices de la moisson. »

« Le pain est ma nourriture. »

« Du pain sera toujours sur ma table. »

« Chaque sabbat, douze pains seront posés devant moi, de la part des enfants d'Israël. C'est une alliance faite pour toujours. »

« Et l'Ange de l'Eternel, le Dieu de paix mangea ce que lui apporta Gédéon : un chevreau, des gâteaux sans levain, une mesure de farine, de la viande dans un panier, du bouillon dans un pot. »

C'était même un formidable mangeur que Jahveh. En un seul jour, le roi Salomon étala devant lui vingt-deux mille bœufs et lui dépeça vingt-six mille brebis. La cuve appelée mer d'airain ne peut contenir tant d'holocaustes, gâteaux et graisses; prodigieux appétits que nos théologiens ne nourrissent plus que de parfums et d'encens, que de louanges et d'exégèse spiritualiste.

Les rabbins et docteurs de la Loi contaient merveilles des grands festins qui se feraient à la table céleste en compagnie des anges, archanges et patriarches ; pour ces festins Dieu égorgerait les grands monstres Béhémoth et Léviathan qui fourniraient des montagnes de viande.

Cette question de l'alimentation des bienheureux dans le Paradis n'a pas mal embarrassé les Pères de l'Eglise. Saint-Epiphane a déclaré que, puisque la résurrection de la chair est une des hautes vérités de la révélation chrétienne, il est indubitable que les justes et sanctifiés mangeront et boiront au banquet d'Abraham. Mais quoi manger, quoi boire ? Il ne savait que deviner. D'autres docteurs, mieux renseignés, voulaient savoir que les ressuscités absorberaient une manne qui aurait la transparence et la fluidité de la rosée et prétendaient fonder leur opinion sur un oracle de la Sibylle.

IX

PAINS BÉNITS, HOSTIES ET LEURS SUCCÉDANÉS

Nous nous proposons d'étudier maintenant la théorie et les explications des pains bénits et plus spécialement des saintes hosties. Grandes sont les vertus naturelles du pain et du blé pour la guérison des maladies, pour la neutralisation et l'anéantissement des mauvais sorts : elles peuvent être indéfiniment augmentées par la consécration d'un prêtre, par le contact avec les reliques d'un saint ou par toute autre cause.

Ce n'est pas que la division entre les pains profanes et sacrés soit bien tranchée. L'étude des effets magiques du pain nous a montré tout au contraire des transitions insensibles, d'innombrables points de contact. En matière magique, dans cet ensemble de choses également absurdes, également respectables, qui ne relèvent que du bon sens, il n'est pas de degrés à établir. Entre miracles et miracles, entre mystères et mystères, il faut, pour les besoins de l'exposition, opérer un classement, établir des distinctions, mais cette définition n'est qu'apparente ; elle n'est pas mieux fondée en logique que celles qu'on est ailleurs obligé d'instituer entre les qualités divines également infinies, également incompréhensibles.

Le peuple confond volontiers le pain et l'hostie, la vénération qu'il éprouve pour le premier n'est pas à distinguer de la vénération qu'il porte à la seconde. Son respect tourne à la religion ; entre un pain et une divinité, il distingue à peine. En devenant pain bénit, le pain de ménage change à peine de qualité, et si, en devenant hostie, il acquiert des propriétés extraordinaires, il ne change pas de nature pour cela. Magie sur magie se multiplie par elle-même et passe aux puissances du carré et du cube. Par origine et en son essence, l'hostie n'est autre que le pain, elle est le pain déifié, son diminutif en volume, son augmentatif en puissance ; du reste, la modification de forme est assez récente. Au XIIe siècle, des pains à chanter, oublies, oblates ou hosties, comme on les appelle indifféremment, s'introduisirent dans les repas religieux. Jusque-là, les communiants apportaient eux-mêmes le pain au prêtre pour le faire bénir et même, pendant un certain temps, les familles de haute noblesse française conservèrent le privilège de faire consacrer, pour leur usage exclusif, des hosties à leurs armes, dont elles faisaient usage aux jours de gala et dans les circonstances exceptionnelles. Les journaux contemporains parlent même de certains marquis « qui, ne vivant que pour son blason, le mettrait partout, jusque sur les hosties avec lesquelles il communie en sa chapelle patrimoniale ». Sitôt après la Réformation, la plupart des protestants et la totalité des dissidents abandonnèrent l'usage des hosties pour revenir à la coutume primitive de rompre le pain.

Nous disions que nos paysans parlent du pain comme d'une divinité :

« Si tu pèles le pain par le bas, tu écorches le talon au bon Dieu. »

« Si, sans y prendre garde, tu fiches ton couteau dans la miche et l'y oublies, elle se met à saigner goutte après goutte, malheureux, tu fais saigner le corps du Christ et les pauvres âmes versent des larmes de sang ! »

« Puisque Christ est le pain de vie, disent les Tchèques, il faut croire que le pain de vie est Christ. »

« Qui jette le bon pain à terre n'entrera jamais au ciel » ; il a commis le péché qui ne se pardonne pas, le péché contre la troisième personne de la Trinité, en tant qu'elle est l'Esprit de Vie ou la Vie elle-même.

Pour éviter les répétitions, nous ne parlerons pas spécialement du pain bénit dont les vertus sont en tout semblables à l'hostie, mais amoindries.

C'est presque à regret que nous ne vantons pas les qualités du pain mouillé par la rosée. Pas n'est besoin d'expliquer la puissance du charme qui se produit quand la plus noble des créatures terrestres s'imprègne de ce qu'il y a de plus pur dans les régions aériennes.

Notons avant d'aller plus loin que l'encens venant à manquer dans les églises, son parfum peut être remplacé par l'odeur du pain grillé. L'idée n'est pas si baroque et hétérodoxe qu'on pourrait croire ; en effet :

« L'Eternel appela Moïse et lui parla du tabernacle d'assignation en disant : Parle aux enfants d'Israel et leur dis :... Tu apporteras à l'Eternel un gâteau de fine farine avec de l'huile... et le sacrificateur le fera fumer sur l'autel, parfum délicieux à l'Eternel. »

Une paysanne, dont les *Contes populaires de la Grèce* font mention, eut l'idée de prendre tout un sac de croûtons oubliés, de les rôtir au sommet d'une montagne, faisant un gros nuage de fumée, qui vient châtouiller agréablement les narines du bon Dieu là-haut, et Jésus-Christ, passant la tête par la fenêtre du ciel, lui demanda : « Chère sœur, que désires-tu ? »

Les Musulmans ont aussi leur pain bénit. La tombe d'un de leurs grands saints, El Bidaoui, dans le delta d'Egypte, est constamment couverte de boulettes de pâte qu'on y met à s'imprégner des parfums de sainteté qu'a laissés le personnage. Pour augmenter leurs vertus, elles sont ensuite portées sur plusieurs autres sépultures de santons en renom, puis on les garde en des endroits privilégiés, tels que le sanctuaire d'Hoseyn ou la mosquée de Khonayu. Ce traitement fait acquérir à la pâtisserie des vertus vraiment inappréciables. Trop précieuse pour être mangée, on la porte comme amulette. Elle guérit les maladies et surtout les prévient, ce qui augmente singulièrement leur valeur, car chacun sait qu'il vaut mieux prévenir que guérir. Elle fait exaucer par le Dieu d'El Bidaoui la plupart des prières qu'on lui adresse ; et, finalement, elle donne aux lectures qu'on fait du Coran l'influence la plus salutaire sur l'âme et le corps.

***

On a fait des hosties très minces et petites afin que leur déglutition s'effectuant d'un coup de langue, le corps adorable de Notre Seigneur ne fût pas inutilement déchiré, n'eût pas les os brisés, les chairs lacérées irrévérencieusement. De plus, elles sont friables et fragiles. La Sacrée Congrégation des Rites, se défiant des gourmands, a ordonné que le pain du ciel fût distribué en minimes quantités : « Il n'est jamais permis de donner une grande hostie ou plusieurs hosties à un seul communiant, serait-ce pour satisfaire sa dévotion. » Mais les crocheteurs de sanctuaires, filous de divinité, les sorciers qui détournent les amulettes sacrées de leur destination primitive pour des usages profanes et même impies, tenaient à multiplier celles qu'ils avaient dérobées à grand'peine, ils s'ingéniaient à augmenter leur volume, leur efficacité, leur rendement.

La Cuisine diabolique donne comme une de ses recettes de coller à un arbre l'hostie subrepticement obtenue et de la traverser d'une balle de fusil. Le bon Dieu du pain sacré laisse alors tomber trois gouttes de sang qu'il faut recueillir sur un linge blanc. Hostie et linge sont brûlés dans un pot chauffé à rouge et on mêle les cendres au plomb dans lequel on fondra des balles qui ne manqueront jamais leur but. D'autres préfèrent attacher l'hostie au bout d'un fil, jusqu'à ce que le précieux sang goutte sur un pain dont chaque miette vaudra l'hostie primitive.

— Mais si l'hostie se refuse absolument à donner du sang ?

— Dame ! Cela arrive quelquefois ; il faut alors s'en prendre au prêtre, qui a manqué quelques mots dans la formule de consécration, ou qui a raté son sacrement de quelque autre manière.

Ce n'est point pour les novices qu'a été imaginé le procédé ci-après : la nuit de Noël ou du Nouvel An, le chasseur, caché dans un coin obscur de l'Eglise, attend que la clochette de la messe vienne à résonner ; il vise alors avec son fusil chargé le centre de l'ostensoir devant lequel tous s'agenouillent. Il ne lâche pas le coup bien entendu, mais son œil est sûr désormais, sa main ferme ; sans trembler, il a tenu Dieu au bout de son canon, il n'y aura plus de lapin ni gros ou petit gibier devant lequel il manque de sang-froid. Au lieu de viser seulement l'ostensoir, quelques-uns, non moins hardis, déchargent leur coup sur le soleil lui-même. S'ils ne se sont pas laissés éblouir, trois gouttes de sang tombent à terre, mais la difficulté est alors de les recueillir. Nul besoin d'expliquer que le fils de Dieu ayant élu domicile dans le soleil comme l'hostie-soleil dans l'ostensoir, c'est toujours le Dieu-soleil que vise l'impie.

Parmi les braconniers, brigands et soldats, la croyance est toujours répandue que l'on peut se garer des balles ennemies au moyen d'amulettes et d'incantations, qui les détournent ou les empêchent de blesser grièvement. On se fait donc au bras ou à telle autre partie du corps une incision dans laquelle on introduit une hostie, et sitôt la blessure refermée, avec Dieu greffé au corps, on se rit des fusils et pistolets, on traverse des ouragans de mitraille sans être touché. Mais à défaut d'hostie, les chasseurs du Tyrol se rendent invulnérables avec du pain trempé dans le sang d'un agneau blanc, pauvre succédané de l'Agneau sans tàche qui ôte les péchés du Monde. La farine a été moulue pendant une messe, l'agneau doit être égorgé pendant une autre messe, le pain ou le gâteau doit avoir été cuit pendant la messe. Le tout est une contrefaçon de l'hostie, comme le café qu'on remplace par de la chicorée ou du pain charbonné.

Un autre secret pour se faire respecter par les balles, boulets et bayonnettes est de faire goutter de son sang sur un morceau de pain que l'on mange aussitôt, mais le moyen n'est bon que pour vingt-quatre heures. Quel dommage que le criminel pékinois, tout frais décapité, dont le sang recueilli sur du pain guérit les anémiques, phtisiques et chlorotiques, comme nous venons de le voir, quel dommage qu'il n'ait pas eu connaissance de la recette venue d'Europe, et qu'il n'ait pas songé à éprouver par lui-même les vertus de son propre sang ! En effet, tous les lithurgistes romains sont d'accord que le prêtre peut se communier lui-même toutes et quantes fois il lui prend envie. Ajoutons que, d'après les recherches du dr Anselmier, les animaux qu'on affame systématiquement vivent une moitié de temps en plus quand, d'intervalle en intervalle, on leur fait une petite saignée et qu'on leur donne à boire leur propre sang. Persuadés qu'il n'est aux bêtes de meilleur remède, les bergers de Tarn saignent à l'oreille leurs brebis malades, et leur font couler le sang dans leurs yeux, croyant que, tout au moins, elles en auront la vue éclaircie.

Dans la curieuse recette ci-dessus du pain qu'ils mangent avec leur sang, nos magiciens rustiques cuident amalgamer, par une combinaison ingénieuse et une déduction subtile, les vertus hygiéniques du pain et du sang que l'Eglise leur a enseignés être de même nature, leur donnant exemple de transsubstancier le pain en sang, le sang en pain. Celles du sang, éternelles chez le Fils de Dieu, ne sont que transitoires chez l'homme et, par conséquent, ne peuvent donner qu'une invulnérabilité passagère, tandis que l'hostie la donne pour une durée indéfinie. En absorbant du pain qui est imprégné dans son propre sang, c'est à dire de sa propre vie, l'homme emploie une portion de son être à défendre l'autre. Il sacrifie une partie restreinte et définie de son existence pour s'assurer contre les risques de l'inconnu, contre les hasards de la bataille. Se ramassant par un grand effort, il se multiplie en quelque sorte par lui-même ; il est de ces gens habiles qui ont résolu le problème de se faire un rempart de leur propre corps. Quant à nous autres, gens du vulgaire, nous ne savons pas même nous prendre par les cheveux pour nous hisser au-dessus d'un mur !

X

L'EUCHARISTIE ET LA TRANSSUBSTANTIATION

En sa signification première et immédiate, la Sainte Cène est un repas funèbre. Suivant la formule même de l'institution, le Sauveur des hommes, la veille de sa crucifixion, prit le pain, le rompit et dit : « Prenez, mangez, faites ceci en mémoire de moi. » Il parlait comme ayant déjà un pied dans la tombe. Le Saint-Sacrement est une communion avec le divin mort : « Nous sommes ensevelis avec Christ. » C'est une échappée de la vie dans l'existence d'outre-tombe, c'est la pénétration de notre âme par les éléments divins et cette opération est le secret de la résurrection ; c'est parce que nous participons à la mort du Christ que nous serons faits participants à son éternité.

Nous avons le regret de nous séparer un instant de Saint-Augustin, la plus haute autorité du christianisme après l'apôtre Paul, mais nous ne croyons pas qu'il ait été dans la vraie tradition de l'Eglise primitive quand il détourna sa mère Monique de faire comme les fidèles de Milan qui portaient à manger et à boire dans le cimetière pour y prendre le repas sacré et le partager avec les pauvres de passage. Nul endroit n'était mieux approprié que la demeure des morts à la fête anticipée de la résurrection et nuls hôtes n'étaient mieux qualifiés à une invitation que les indigents que Christ plus d'une fois avait déclarés être ses représentants visibles sur la terre. Théoriquement, le repas funèbre était l'accomplissement d'un grand mystère, la fusion momentanée de deux incompatibilités, la pénétration du temps par l'Eternité. Qu'importait que les morts fussent séparés par un double abîme, celui des morts en bas et des immortels en haut, quand ils étaient tous admis à « boire de la même coupe, admis à manger du même pain ». L'homme se faisait Dieu et Dieu se faisait homme ; les morts réagissaient sur les vivants et les vivants sur les morts. Depuis l'établissement des repas avec les morts et surtout avec le « premier-né d'entre les morts », la communion s'est faite si intime entre notre monde et les mondes d'en haut et d'en bas que même aux mythologues, aux mythologues surtout, il est devenu impossible de distinguer entre les génies célestes et les infernaux.

Par d'innombrables exemples, on prouverait que du Japon, de la Chine jusqu'aux Alpes, que des Pyrénées jusqu'au pays des Damara et des Bambarra, a régné toujours et règne encore la doctrine que tous ceux qui mangent du même aliment acquièrent mêmes désirs et mêmes volontés, mêmes haines et mêmes amours, qu'une identique nourriture crée la plus étroite liaison entre ceux qui y participent, les uns fussent-ils morts et les autres vivants, les uns fussent-ils des dieux et les autres d'éphémères créatures. Une sympathie non moins puissante que celle de l'amour, disait-on, devait unir, au moins pendant quelques heures, ceux qui avaient puisé la force et la vie à une même source. Ces heures, il fallait souvent qu'elles fussent décisives. Après avoir ingéré le sacrement, on prenait des résolutions importantes, on accomplissait les grands actes de l'existence, on risquait le mariage, un duel ou la bataille, on portait témoignage, on jurait des serments, on partait pour un lointain pays, on se préparait à la mort. On n'était plus un, on était deux et on avait Dieu pour second.

Déjà, vers l'année 250, aucun chrétien ne doutait plus que la Sainte-Cène ne fût la répétition du mystère de la Passion. Christ, pensaient-ils, éternelle victime, est offerte tous les jours en sacrifice, il ne cesse d'être en tous lieux immolé par le prêtre qui n'est autre que le sacrificateur juif opérant sous un autre nom, mais toujours pour le même Dieu. A la faute d'Adam correspond la mort du Fils de Dieu, mais nonobstant cette mort, le péché du monde étant incessant, il faut que, pour le laver et l'effacer, coule un flot perpétuel de sang divin. L'imagination des fidèles ne pouvait faire autrement que chercher le sang toujours découlant de l'hostie, et le cherchant, elle ne pouvait manquer de le voir. Est-ce que la foi ne rend pas présentes les choses qu'on espère ? Est-ce qu'elle ne montre pas ce qui est invisible ?

Il est notoire, enseigne le docteur angélique Saint-Thomas, que le Corps Adorable et le Précieux Sang se manifestent, par intervalles, sous les formes réelles et tangibles de chair et de sang. Le *Cérémonial romain* pousse la précaution jusqu'à prescrire aux ministres des autels la conduite qu'ils auront à tenir en pareille occurrence. Un doigt sanglant sortit d'un pain qu'avait consacré Saint-Georges-le-Grand. A partir de l'an 1000, se multiplièrent les saignements de pain, au grand effroi et à la grande édification des fidèles. Le pape Eugène IV fit présent à Philippe III de Bourgogne d'une hostie avec les marques sanglantes des coups de couteau que lui avaient portés des Juifs. Naguère, en juillet 1870, Bruxelles a fêté par une procession solennelle l'autodafé de plusieurs Juifs qui, quatre cent cinquante années auparavant, avaient piqué jusqu'au sang des hosties par eux dérobées à l'église Sainte-Gudule. En 1410, trente-huit Juifs furent brûlés en un même jour pour avoir torturé une hostie qui goutta du sang.

Voir quelques gouttes de sang qui découlaient de l'hostie, c'était bien ; y voir le corps entier de Jésus-Christ, c'était mieux. D'après le *Bréviaire romain*, Saint-Laurent Justiniani, en disant la messe, obtint la grâce de contempler Dieu sous la figure d'un petit garçon d'une beauté céleste. Ce divin enfant était ensuite immolé. Ecoutez Saint-Isaac, prêtre d'Antioche :

« J'ai vu la coupe remplie, non pas de vin, mais de sang. Sur la table, je vis non pas un pain mais un corps gisant. Je regardai le sang, je frissonnai, je regardai le corps et la frayeur me saisit. Alors la foi me chuchotta à l'oreille : « Mange et tais-toi. Bois et ne veuille pas en savoir davantage ! » Me montrant le corps immolé, elle en détacha une parcelle : « Prends, dit-elle, mais n'oublie pas ce que tu manges ! »

Saint-Chrysostome adore le sacrifice catholique, il en célèbre la gloire et les vertus, mais l'appelle un épouvantable banquet. Saint-Basile célébrant la pâque chrétienne, un Juif se mêla aux fidèles dans l'intention de découvrir leur secret. Sous les mains du prêtre qui disait les paroles sacrées, il vit le pain prendre la figure d'un enfant, dont le corps fut brisé, distribué en fragments. Il eut le courage de s'en faire livrer un morceau, il le touchait au doigt comme chair. Il la porta chez lui et la montra à son épouse, en lui racontant ce qu'il avait vu de ses yeux ; il ne put s'empêcher de croire et allait répétant : « Certes il est terrible, le mystère des chrétiens ! il est effrayant ! » Dès le lendemain, il alla se jeter aux genoux de Basile et se fit baptiser avec toute sa maison.

Effrayant mystère, en effet, banquet épouvantable, qui désormais ne cessa de hanter les imaginations dévotes et maladives. Cette image du Christ aux blessures toujours ouvertes, cette lance toujours dégouttant de sang, fit surgir, dès le XIIe siècle, la légende de Saint-Graal, plus fantastique et bizarre qu'aucune autre, et dans laquelle un hystérisme tout oriental se brouille et se mélange avec une barbarie dont notre Occident féodal était seul capable.

Voici :

« La lance qui Jésus a percé goutte toujours du sang, que les anges recueillent dans une boite... Joséphus prit une hostie au saint vaisseau et au lever qu'il fit, descendit une figure en semblance d'un petit enfant, le visage aussi rouge comme feu flamboyant qui se mit au pain tellement que tous ceux de la place le virent, cuidemment que le pain avait pris forme d'homme charnel... Lors se mirent tous en la table, en très grand'crainte et frayeur, et commencèrent à pleurer et crier merci à Dieu. Puis, regardant le saint vaisseau, duquel ils virent sortir un homme tout nud qui suait sang, qui leur dit : « Mes chevaliers et mes serviteurs qui m'avez tant cherché que je ne me peux plus céler à vous, il convient que vous ayez partie de mes reliques et de mes secrets. » Lors vint cestui homme à Galaad (le chevalier de Saint-Graal), lequel se agenouilla devant lui et se donna à lui comme à son sauveur, et Galaad le mangea en très grand'humilité. Et ainsi fit-il aux autres, lesquels le reçurent tout dévotement, les mains jointes. »

⁂

L'antique magie et notre chimie sont fondées chacune sur un principe inverse de l'autre : la science primitive part de l'hypothèse d'une identification du mangeur à la chose mangée, tandis que la physiologie moderne démontre que le mangeur s'assimile plus ou moins complètement la chose mangée. On ne saurait trop insister sur cette différence initiale qui, toute subtile qu'elle paraisse au premier abord, mène bientôt à la divergence la plus complète, à des incompatibilités irréconciliables.

En tout temps et en tout lieu, chez nos sauvages comme chez les primitifs, une croyance s'est imposée comme article de foi, comme une vérité irréfragable portant en elle-même son évidence, à savoir que les animaux et végétaux dont nous faisons notre nourriture nous lèguent leur vie et, par conséquent, leurs qualités et manières d'être. Suivant cette doctrine, fondée sur la grande hypothèse de la métempsychose, le principe vivant de tout organisme serait immortel, et il lui serait à peu près indifférent d'occuper telle ou telle place dans une des séries quelconques de la Nature. Ainsi le blé, après avoir vécu comme plante, aurait son grain moulu entre des pierres, mis en poussière, puis en pâte, traverserait les torréfiantes ardeurs du four sans rien perdre de sa substance réelle qui s'incorporerait au pain ; et ses qualités vitales deviendraient vivifiantes pour l'homme ou tout autre animal qui les absorbe. De la sorte, nous nous alimenterions à plusieurs foyers de vie et, à notre mort, toutes les vies par nous absorbées entreraient en des combinaisons nouvelles.

Ce système a motivé les prescriptions, tantôt raisonnables, tantôt absurdes, qui ont abondé dans les diverses législations, relativement aux viandes pures et impures. On se rappelle comment Achille, le grand héros de la fable, fut nourri de la moëlle des lions ; on se rappelle encore les prohibitions de manger du porc, du chameau, du lièvre, du serpent ou de la tortue, pour telle ou telle mauvaise qualité, pour tel défaut de caractère, réel ou prétendu. Maint cannibale dévorait son ennemi pour lui faire compliment et s'approprier sa force et son courage. En plusieurs cantons, on ne peut davantage outrager sa victime qu'en refusant d'en prendre la moindre bouchée.

Voilà pourquoi les sacrifices humains ont été, et sont encore, chez une foule de tribus et peuplades, l'acte religieux par excellence. On donne au Dieu national des hommes à manger pour qu'il se montre compatissant et pitoyable. Gorgé de sang humain, il acquiert notre substance, devient os de nos os, chair de notre chair, se transforme à notre image et ressemblance. Désormais, il sentira et pensera comme nous, éprouvera mêmes désirs et mêmes besoins. Il n'est habitant de la Guinée ou de la Côte de l'Or qui ne sache qu'en dévorant un homme fétiche il entre en communication avec les parents et amis de la victime ; bouchée après bouchée, même sans y prendre garde, il avale des prières, absorbe des supplications. En maints endroits, par exemple dans le Guatan, la victime, avant d'être immolée, était soigneusement instruite des besoins de la communauté, des désirs et intentions secrètes qu'entretenaient les chefs du peuple pour que les Dieux n'en restassent pas ignorants. Les sacrifices humains étaient, entr'autres choses, des messages qu'on faisait parvenir aux pouvoirs de l'autre monde. Que les Dieux mangeassent de l'homme, c'était bien, mais que les hommes mangeassent de Dieu, c'était mieux encore.

***

Les Indous, qui font serment de s'entr'aider toujours, passent par le Maha Prâsâd, cérémonie par laquelle ils se partagent un plat de riz qui avait été déposé au préalable sur l'autel de Jagannâth. Le Dieu qui était présent dans le riz entrait dans le corps des nouveaux amis. La coutume était jadis universelle, avec de nombreuses variantes. Aux individus qui contractaient compérage et amitié, il ne suffisait pas toujours de manger d'un même aliment ; pour être plus sûrs de leur affaire, il leur plaisait de s'inciser au bras ou à la poitrine, et le sang qui découlait était aussitôt bu ; chacun buvait la vie de l'autre.

Cette alliance par le pain et par le sang, par le manger et par le boire, Dieu et l'homme l'ont ambitionnée, ils ont voulu se faire frères d'adoption. Afin d'avoir désormais même pensée et même volonté, une âme et deux êtres, ils ont fusionné leur chair, fusionné leur sang.

A Dieu de commencer : il ne s'est pas fait attendre longtemps. Bravement il a dévoré peuples et tribus, à longs traits buvant le sang que les nations répandaient devant lui comme de l'eau ; fières de l'honneur qui leur était fait, heureuses de la protection et des faveurs qu'elles allaient obtenir. Cette première saignée a duré des siècles — peu de chose vraiment pour l'Eternel Dieu, mais beaucoup pour l'humanité qui est de courte vie, et l'on a pu craindre que la pauvrette en resterait pâlie, anémique et défaillante pour le reste de ses jours. Mais son tour est enfin venu, et depuis bientôt deux mille ans, voici que l'avant-garde des nations civilisées se repait avidement de la substance de son sublime Ami, qu'elle s'administre sous les espèces du pain et du vin. L'union s'est accomplie, l'identité a été reconnue parfaite. Dieu commença par créer l'homme à son image et à sa ressemblance, mais l'homme le lui a bien rendu ; ils ont si bien fraternisé qu'il est devenu impossible de les distinguer. Tout ce qu'on peut dire, c'est que Dieu est devenu une conception générale et l'homme une individualité concrète, que le premier est un homme abstrait et le second un Dieu réel.

*
* *

La religion mexicaine, logique et conséquente autant qu'aucune, avait parfaitement développé cette antithèse. D'un coté, des dieux se saoûlant de sang humain, se gavant de chair humaine, et par contre, des hommes qui mangeaient leurs dieux tout entiers.

Déguisés en fourmis, les dieux Quetzalcoatl et Tlathauqui Azcatl trouvèrent le maïs dont ils mangèrent et qu'ils mirent dans la bouche des hommes affamés pour qu'ils prissent des forces. La sagesse de ces êtres divins se révéla en ceci qu'ils cherchèrent et trouvèrent ce qui pouvait se mêler à la chair de l'homme. A notre sang se mêle la farine, dans laquelle le Père et Créateur de tous avait déjà mêlé sa propre chair.

A la fin de leur cycle de cinquante-deux années, les prêtres mexicains pétrissaient un dieu gigantesque, dont ils arrachaient ensuite le cœur, dont ils coupaient le corps en morceaux. Chaque province, chaque canton, chaque ville, chaque famille, chaque individu en avait sa part, s'il faut en croire le *Chinial Popoca*.

Avec des semences nutritives qu'elles concassaient et arrosaient du sang d'enfants égorgés, les nonnes vouées au culte de Huitzipochtli formaient l'image de leur dieu... Un prêtre personnifiait Quetzalcoatl, bandait son arc, visait Huitzipochtli, l'abattait d'un coup de flèche et le découpait en morceaux qui étaient aussitôt distribués au peuple, le cœur étant réservé pour le souverain... Par la même occasion l'on se faisait de petites réserves d'eau bénite, dont on donnait à boire aux généraux quand ils partaient en campagne. Manger le pain d'Huitzipochtli s'appelait « manger la chair de notre Dieu » ou bien « manger le pain de vie », comme s'exprimaient les Totomacs, qui faisaient une obligation d'y goûter de six en six mois — comme qui dirait à Pâques et Noël — à tous les hommes au-delà de vingt-cinq ans, à toutes les filles et femmes ayant dépassé seize ans. Est-ce trop s'avancer de prétendre que la théologie des Amahuac entrevoyait le dogme de la transsubstantiation et le formulait déjà par à peu près ? Et que si on ne l'eût pas violemment et presque soudainement extirpée, elle n'eût pas manqué de se convertir à l'hostie chrétienne, admirant et sa théorie savante et son maniement pratique ?

La religion du Pérou semble avoir reproduit sous une forme plus adoucie les principaux dogmes qui avaient trouvé créance sur les hauts plateaux du Mexique. Suivant la tradition des Mayas, le maïs fut en son temps fils du Soleil et de la première femme, un beau jeune homme que Pacha-Camac tua et écartela, répandant ses débris par la terre. A la grande fête de Raymi, l'Inca distribuait à la cour, à la ville, à tout le peuple, des gâteaux de maïs qu'avaient pétris les Vierges du Soleil, en mélangeant la pâte avec du sang de lamas — avec du sang de petits enfants, affirme Rivero — et des courriers en portaient aussitôt de larges tranches aux provinces les plus éloignées.

Les Peaux-Rouges avaient aussi leur légende du dieu Maïs qu'ils mangeaient, mais parce qu'il le voulait bien. Vêtu de vert, aigrette jaune au chef, Mondamin fut un superbe jouvenceau, noble héros qui du ciel descendit tout exprès afin de se faire immoler par Hiawatha et nourrir de son corps les hommes affamés, mais, avant de mourir il procréa un fils, ancêtre des Indiens. Ils ont en lui leur père et leur préservateur qui, non content de leur avoir donné la vie une première fois au début des siècles, leur continue l'existence d'année en année.

Les gâteaux sacrés, sous figure de divinités, qu'on mangeait un peu partout à des fêtes déterminées, avaient même origine et même signification. De ces pratiques on pourrait donner une énumération copieuse, nous nous en tiendrons à quelques exemples.

On reprochait à la tribu arabe des Henifou, comme on le fait aujourd'hui aux Tsiganes de Roumanie, de manger son Dieu en temps de famine... La vérité est, sans doute, qu'elle le mangeait en tout temps, et particulièrement à la récolte nouvelle.

Le prophète Jérémie faisait aux femmes juives de sanglants reproches parce qu'elles offraient à la Reine des Cieux des gâteaux sur lesquels elle était représentée.

Au IVe siècle, les Collyridiennes d'Arabie confectionnaient de ces mêmes gâteaux, mais en l'honneur de la Vierge Marie.

Les boulangers de Nottingham envoient toujours à leurs pratiques les losanges de Noël sur lesquels ils ont imprimé l'image de la Vierge et de son enfant.

A La Palisse, département de l'Allier, on plantait dans une barrique pleine de blé un arbre vert auquel on attachait en guise de fruit un bonhomme en pain d'épice, et aux vendanges, le maire le distribuait pièce par pièce à tous les villageois.

⁂

Autrefois les idées de race et de nourriture se touchaient de très près, de même se confondaient dans leur théorie fondamentale consistant en ce que les qualités d'une race dépendaient de la nourriture qui les avait produites. Des aliments de choix expliquaient suffisamment l'apparition de natures supérieures, leur préservation et leur durée. Nous avons une preuve de la puissance de cette manière de voir dans la vieille langue française qui tenait ces deux mots pour synonymes : « Rigaut est de race généreuse et de bonne nourriture ; Hermaïs d'Orléans est son oncle et sa mère Audegon est nièce de Garin. » Mais que parlons-nous de vieux français ? L'idée est toujours populaire. Entendez les paysans dire qu'on peut faire à volonté « chevaux de paille, chevaux de son, chevaux d'avoine » ; entendez les Viennois qui, se comparant aux Bavarois, vous expliquent : « Ils ont le sang épais et lourd de leur pain, mais nous avons le sang chaud et léger que donne notre pain délicat. » Enfin ne sait-on pas que les abeilles et fourmis créent des reines, des mâles, femelles ou neutres, au moyen d'une nourriture spéciale ?

Ajoutons, d'un autre côté, que les idées de race étaient, sont inséparables de celles de culte, et que, pendant longtemps, les religions étaient déterminées par les pays et nationalités, avec lesquels elles se confondaient absolument. Nul ne l'ignore.

Les nègres de la Côte de l'Or ne pensent pas autrement. Lorsque les membres d'une famille sont obligés de se séparer, pour une raison ou pour une autre, ils pilent leur fétiche dans un mortier et avalent la poussière mélangée à une bouillie de millet, ou délayée en quelque breuvage. La répartition se fait également, un chacun emporte de son Dieu autant qu'il y a droit.

On se rappelle que Jahvé défendait sévèrement aux enfants d'Israël que son pain fût touché par la main d'un homme qui serait né ailleurs que sur la terre de Chanaan.

Fustel de Coulanges établit fort bien que les associations de plusieurs familles, connues en Grèce et dans le Latium sous les noms de phratries et curies, avaient chacune son autel et son dieu protecteur. L'acte religieux y consistait essentiellement en un repas fait en commun ; la nourriture avait été préparée sur l'autel lui-même et était par conséquent sacrée : on la mangeait en récitant quelques prières ; la divinité était présente et recevait sa part d'aliments et de breuvages. Les aliments étaient des pains, des gâteaux de fleur de farine et quelques fruits. La religion de la phratrie comme celle de la famille ne se transmettait que par le sang. Le jeune Athénien était présenté à la phratrie par son père qui jurait qu'il était son fils. La phratrie immolait une victime et en faisait cuire la chair sur l'autel ; tous les membres étaient présents. Refusaient-ils d'admettre le nouvel arrivant, comme ils en avaient le droit s'ils doutaient de la légitimité de sa naissance, ils devaient enlever la chair de dessus l'autel. S'ils ne le faisaient pas, si, après la cuisson, ils partageaient avec le nouveau venu la chair de la victime, le jeune homme était admis et devenait irrévocablement membre de l'association. Ce qui explique ces pratiques, c'est que les anciens croyaient que toute nourriture préparée sur un autel et partagée entre plusieurs personnes établissait entre elles un lien indissoluble et une union sainte qui ne cessait qu'avec la vie.

Cette conception de la race, déterminée par la nourriture non moins que par la religion, était à la base de la civilisation qui précéda l'ère chrétienne. Elle reçut une première atteinte par la fondation de la ville internationale d'Alexandrie et devint intenable à mesure que Rome absorbait les divinités des peuples vaincus et leur donnait place en son Panthéon. L'apôtre Paul, tout à la fois juif et citoyen, fut inspiré par la nécessité évidente de son époque quand il se mit à prêcher une religion qui devait grouper et fondre en un seul organisme toutes les nations, en leur faisant manger le même Dieu. Elles ne pouvaient être, pensait-il, que d'une âme et d'un esprit, du moment qu'elles prendraient la même nourriture quintessenciée. Il ne se lasse pas de répéter : « Un seul pain qui est

Christ, un seul corps qui est l'Eglise... Le pain que nous rompons est la communion du Corps de notre Seigneur... Nous mangeons la même viande, nous buvons le même breuvage... Parce qu'il n'y a qu'un seul pain, nous ne sommes qu'un seul corps... Tant nombreux que nous soyons, nous sommes participants du même pain. »

N'est-ce pas clair? En mangeant Christ, les chrétiens deviennent autant de petits Christs.

⁂

Il est maintenant facile de comprendre pourquoi l'Eglise primitive interdisait si sévèrement à ses membres de consommer aucune viande qui eût été consacrée aux dieux alors régnants. « Ceux qui mangent du sacrifice sont participants de l'autel, disait nettement Saint-Paul, et par conséquent, participants du démon de l'autel. » Origène était de même opinion : « Il mange et boit avec le diable, qui mange de la viande, qui boit du vin qu'on a mis devant les idoles. » La jeune chrétienté pensait alors de tous les sacrifices païens ce que les paysans disaient eux-mêmes des sacrifices qu'ils effectuaient en des cas spéciaux pour faire tomber la vengeance divine sur certaines têtes; l'imprécation adhérait à la viande ; on n'y pouvait goûter sans être sous le coup de la malédiction. Nous avons quelque difficulté à nous remettre en cet ordre d'idées qui a été abandonné chez nous depuis bientôt deux mille années. Mais les nègres du Congo n'y voient, eux, rien que de très raisonnable, et ils savent fort bien qu'en mangeant du pain bénit et qu'en buvant de l'eau bénite ils mangent et boivent le Dieu lui-même.

Ceci établi, nous saisissons le motif pour lequel les Apôtres identifiaient avec l'infidélité conjugale le fait d'avoir mangé d'une viande souillée par l'autel païen. Manger coup sur coup la chair du Christ et celle des démons, c'était vouloir ériger son corps en temple de Dieu et en repaire des démons tout à la fois. C'était se faire une âme mi-partie diable, mi-partie Saint-Esprit. L'organisme entier était tiré de haut et de bas, toutes les molécules entraient en guerre les unes contre les autres, et les maladies de s'en suivre, même la mort. La chair du Christ entrer en contact avec celle de Vénus ! On n'était plus un, mais deux, la vivante incarnation de l'adultère ! Voilà pourquoi manger de ces viandes était un crime de fornication. Voilà encore pourquoi la liturgie anglaise ne peut trop recommander de ne pas manger à notre damnation le corps du Seigneur, car, en le prenant indignement, nous excitons sa colère, et Dieu se venge en envoyant sur le peuple maladies et pestilence, toutes sortes de mortalité.

***

C'est ainsi que, dans la religion chrétienne, on mange Dieu pour acquérir ses qualités infinies, partager sa pureté et son incorruptibilité, sa toute-science et sa toute-puissance et, finalement, pour s'approprier son éternelle vie. L'Evangile selon Saint-Jean expose cette doctrine avec une lucidité parfaite : « La chair de Christ est vraie nourriture et son sang véritable breuvage. Qui mange de sa chair et boit de son sang possède l'Eternité. »

Déjà Justin martyr se plaignait que les mystères de Mithras, avec leur communion de pain et de vin, fussent une abominable copie du mystère eucharistique. Il eût pu tout aussi bien déplorer que les Eleusines et les Dionysies fussent une imitation de la Sainte-Cène. Que de fois les missionnaires catholiques ont poussé ce même gémissement ! Les écrivains ecclésiastiques qui ont écrit l'histoire de la *Conquista* émettent gravement la supposition que le Diable, qui est le singe du bon Dieu, comme on sait, avait importé le sacrement de l'Eucharistie chez les Mayas, Toltecs et Quichua.

La véritable parodie fut la *Messe noire* du moyen-âge, le sabbat dont l'illustre historien Michelet nous a donné une description saisissante à laquelle nous renvoyons nos lecteurs. Rappelons seulement que sur la sorcière, prêtresse officiante, on jetait des grains de blé à l'esprit de la Terre qui fait pousser les moissons et qu'on cuisait le gâteau de communion. L'hostie d'amour était distribuée par la « victime qui demain pouvait elle-même passer par le feu. C'était sa vie, c'était sa mort que l'on mangeait. On y sentait déjà sa chair brûlée. En dernier lieu, on déposait sur elle deux offrandes qui semblaient de chair, deux simulacres : celui du dernier mort de la commune, celui du dernier né. L'assemblée, fictivement, communiait de l'un et de l'autre. Triple hostie, toute humaine. Sous l'ombre vague de

Satan, le peuple n'adorait que le peuple. C'était là le vrai sacrifice ».

On disait dans le peuple — qui le croyait souvent — qu'une sorcière était réellement immolée chaque sabbat et dévorée par l'assistance. Le dernier acte était le suicide de l'hôte, le Maître Bouc, qui, à l'imitation du Phénix, devait se consumer pour renaître du plus petit de ses atomes, et dont la cendre était distribuée aux assistants, qui la gardaient précieusement, soit pour la consommer, mélangée à leur pain ou à leur boisson, soit pour l'employer dans leurs c[illegible]nes. Tous ceux qui avaient participé à la communion nocturne de la lande ou de la forêt devaient se considérer comme complices, mieux que cela, comme frères et sœurs, mères et fils, amants et amantes, citoyens et citoyennes de la Cite infernale, tout autrement vaste et mouvementée que la Cité de Dieu.

Terrible, bouffonne et désespérée, la parodie du sabbat prouve, par contraste, combien puissant était l'empire que le dogme eucharistique exerçait sur les âmes — dogme dont le christianisme a formulé la théorie avec une précision qui ne laisse rien à désirer. Mais comme on le disait plus haut, il n'a pas été seul à l'admettre. Nous sommes même portés à croire que toutes les religions proprement dites, et, par ce terme, nous entendons celles qui possèdent un ensemble tant soit peu systématique d'opinions sur l'origine des choses et la fin de l'homme, que toutes les religions ont sur le fait fondamental de la nutrition et de la réfection des doctrines très analogues à celles de nos catéchismes. Sans doute, on les croyait très différentes, chacune a proclamé que toutes les autres sont monstrueuses erreurs et coupables hérésies. Mais en face de la chimie et de la physiologie, elles se trouvent faire contre la science moderne cause commune et ne diffèrent les unes des autres que par des détails et de simples nuances, que par les traits qui distinguent les membres d'une même famille. Ecoutez la sagesse des Indous : « Qui connaît la nourriture immortelle et la prend comme il convient boit l'immortalité, et habitera parmi les dieux. » Cette parole du Yagour Veda est, au fond, identique avec celle-ci : « Travaillez, non point après la viande qui périt, mais après celle qui est permanente jusque dans la vie éternelle et que le Fils de l'Homme vous donnera. »

En définitive, la participation au pain sacré de l'Eucharistie n'est autre que la mise en œuvre du grand dogme panthéiste :

« Nous sommes de la race de Dieu qui a fait d'un seul sang tout le genre humain, de Dieu en qui nous avons la vie, le mouvement et l'être. »

***

De la doctrine orthodoxe de l'Eucharistie, comme d'un terrain propice, surgit une végétation empoisonnée d'hérésies et d'insanités. Les sacristies, moineries et nonneries du moyen-âge savouraient des récits, qu'on se faisait à l'oreille, de pratiques obscures dans lesquelles un mysticisme obscène s'accouplait à de cruelles orgies. Jusqu'à nos jours, les ruines des châteaux et forteresses des Templiers sont hantées par des légendes qui ne peuvent toutes être mensongères. La Russie souterraine des dissidents ou schismatiques contemporains nous donne une idée probablement approchée de ce que le moyen-âge catholique recélait en ses recoins écartés. Il suffit de soulever un peu les voiles qui cachent aux regards profanes les rites secrets des Rascolniks pour deviner les niaises atrocités qui ont dû se produire maintes fois dans l'occident de l'Europe et sur lesquelles nous n'avons que des renseignements incomplets. Voyez par exemple ce que Pellican rapporte de la secte des Flagellants : ils partent de la doctrine que leur sacrement de la Sainte-Cène n'est valable que chez eux, que seuls ils possèdent la formule qui donne le vrai corps de Christ, le vrai sang de Christ. Tous les prétendus chrétiens trompent ou sont trompés sur ce point essentiel. Leur communion à eux se fait avec de la chair qui est de chair, avec du sang qui n'a rien de symbolique. Une fillette de quinze à seize ans est apportée dans une baignoire. D'affreuses vieilles s'approchent, lui excisent la mamelle gauche qui, mise sur un plat, est tout aussitôt découpée en morceaux qu'on avale crus et chauds. Sanglante et défaillante, la victime est ôtée de sa baignoire, enveloppée d'un manteau rouge et sise sur un trône autour duquel l'assemblée se met à danser et à crier, à crier et à danser, pour étouffer, dans le vacarme et l'excitation, les gémissements de la malheureuse et la compassion dans les cœurs. On chante à tue tête une hymne dont voici une strophe :

Nous montons le mont de Sion !
Nous vivons, nous trépignons,
Bon, bon !
Nous sautons, nous sautons !
Ho ! ho !
Nous dansons, nous dansons.

Les danses se font de plus en plus violentes et furieuses, elles continuent jusqu'à épuisement ; dévots et dévotes finissent par tomber par terre et rouler les uns sur les autres, et tout à coup les lumières s'éteignent. Les Flagellants tiennent le corps pour une guenille, pour chose de si mince valeur qu'il n'y a pas à attacher grande importance à ses écarts.

Neuf mois après la sanglante cérémonie, si la malheureuse fille amputée d'un sein vient à accoucher, le garçon est appelé Christinal, le petit Christ. La communauté lui fait belle fête. Huit jours après, il est frappé d'une lance au flanc, et, de son cœur transpercé, on recueille le sang qui est bu avec empressement. Le petit corps est desséché, moulu en poudre, cuit dans des gâteaux que l'on se distribue aux agapes fraternelles. Autour de ce dogme de l'Eucharistie, on a toujours flairé une odeur fade et inquiétante que les théologiens ont déguisée comme ils ont pu sous des allusions de mysticisme hyper-transcendental ; de même que les anciens prêtres s'efforçaient à noyer sous d'épaisses vapeurs d'encens l'infection de leurs temples, puantes boucheries.

L'histoire des dogmes dont s'agit et des hérésies qu'il a engendrées le prouve surabondamment, le système de la transsubstantiation est plus ancien que Radberg et Béranger ; la pratique des Eucharisties remonte plus haut que le célèbre repas offert par Christ aux Apôtres la veille du vendredi saint. Nous en connaissons la forme première, c'est un repas de cannibales. Une science plus avancée trouvera la série entière des transitions, et nous en chercherions les principales dans les premières religions agricoles avec leurs terribles divinités chtoniques. Dans le voisinage des plaines du Tigre et de l'Euphrate, dont tôt ou tard les assyriologues reconstitueront l'histoire, on découvre comme une nichée de traditions analogues. C'est la crédule Syrie, molle et ardente, dévote et débauchée, folle des fête de Thammuz, où les femmes pleuraient avec cris et sanglots le beau jeune homme que son maître avait moulu entre les meules du moulin. C'est le torride

Hauran, le Hauran d'avant l'Islam, qui célébrait une lugubre fête, dans laquelle les initiés mangeaient d'un pain qu'il eût été mort à un esclave de toucher, crime à une femme de regarder, et dans lequel entraient la chair et le sang d'un enfant, triste symbole. Ce sont les mystères du Schémal, dont les participants se partageaient la chair, enfarinée, d'un petit garçon.

Tous ces rites ne peuvent manquer d'être apparentés aux orgies de la Thrace et de la Phrygie, à celles de Dyonisos Omestes ou Mange-Cru et du Zagreus que déchirèrent les Titans, et dont Jupiter et Sémélé se partagèrent le cœur pantelant, qui, avalé par eux, renaît une seconde fois à la vie. Ils tiennent de près aux bacchanales romaines qui faillirent, paraît-il, faire sombrer la République en de honteuses débauches, et qui, étouffées mais non point extirpées, par de terribles exécutions faites en secret, se perpétuèrent silencieusement dans les bas-fonds de la plèbe et les hauts sommets du patriciat, côté des femmes. C'est ainsi qu'on arriva à la révolution chrétienne, dont les agapes nous paraissent avoir été des fêtes dyonisiques, vulgarisées et amoindries.

***

Transformations des sacrifices faits aux dieux anthropophages, l'Eucharistie et les banquets dyonisiques sont par cela même un des moyens qu'employèrent le bon sens et la pitié qui se réveillèrent enfin, pour écarter peu à peu la coutume hideuse. Au lieu et place de l'homme, on substitua le pain, qui était, par théorie, de même nature, puisqu'une même vie animait l'un et l'autre ; sans compter qu'il était facile de donner à la pâte la forme approchée des victimes. De là, tous ces gâteaux qui, en des milliers d'occasions, remplacèrent tant les hommes que les animaux, et même les dieux et déesses qui eussent dû être égorgés sur l'autel. Dans tous les pays civilisés, la même histoire se répète avec de légères variantes.

Hercule traversait l'Italie, ramenant les bœufs de Géryon... Outré de voir des têtes humaines jetées devant les images de Dis et de Saturne, il expliqua que les dieux n'avaient pas été compris et qu'ils se contenteraient fort bien de figures de pâte... Le Dis et le Saturne italiotes étaient des divinités chtoniques, servies par des populations agricoles. De cette légende d'Hercule, comme point de départ, on pourrait établir assez facilement que les pains et corbeilles de gâteaux qu'en maint endroit on enfouit dans les sillons pour leur conserver la fertilité, ou la leur rendre quand ils l'ont perdue, sont une substitution aux sacrifices humains, aux sanglantes mériahs dont nous avons déjà dit un mot, et qui malheureusement ne sont pas déjà, tant s'en faut, le fait exclusif des Khonds d'aujourd'hui, ou des Mexicains d'autrefois. Les Mexicains eux-mêmes auxquels leurs boucheries humaines ont donné une si triste célébrité, quand tomba leur confédération, étaient sur la voie de les abolir. M. Tyler indique comment, aux divinités protectrices des eaux et des montagnes, les temples immolaient des hommes vivants, et les particuliers des bonshommes de pâte, auxquels ils faisaient mine d'arracher le cœur de la poitrine, de trancher la tête, puis les membres et de se partager les morceaux qu'ils avalaient jusqu'aux derniers.

...L'ingénieux ministre Tchou Ko Liang ramenait du Pégou son armée victorieuse quand il se vit arrêter à la frontière de Chine par un épais brouillard au-dessus du fleuve, d'où sortaient de vagues plaintes, des gémissements indistincts. Il s'enquit de la cause. C'étaient les cris poussés par une multitude de malheureux qui avaient perdu la vie dans les eaux d'où s'échappaient constamment des vapeurs empoisonnées. Le général fut informé qu'il ne pourrait traverser, s'il ne sacrifiait sept fois sept hommes au génie de la rivière. Tchou Ko Liang révolté de cette barbarie, imagina d'apprêter des pains ayant forme humaine, munis d'une tête et d'un bras ; il jeta quarante-neuf de ces bonshommes dans les eaux, et tout aussitôt le brouillard se dissipa. Depuis on n'a plus offert que de cette pâtisserie aux génies aquatiques.

De même dans les Indes où la répulsion contre les sanglants sacrifices brahmaniques fut probablement une des causes marquantes de la révolution morale qui, sous le nom de bouddhisme, influa profondément sur une notable partie de l'espèce humaine, le Yagour Veda indique, ainsi que suit, la série décroissante des sacrifices : « A l'origine les dieux avaient accepté l'homme comme l'animal du sacrifice. Mais le Médha — la force magique — s'éloigna de l'homme et entra dans le cheval. Voici que le Médha quitta le cheval pour le bœuf. Du bœuf, le Médha émigra dans la brebis, de la brebis dans la chèvre et de la chèvre dans le sol. Alors les dieux se tinrent pour satisfaits des offrandes de riz et d'orge. Après tout, le grain moulu répond au poil et aux cheveux de l'animal sacrifié, l'eau répandue répond à la peau, la mie à la chair, la croûte aux os, et le beurre dont on l'arrose aux moëlles. Les cinq parties essentielles de la bête se retrouvent donc dans le gâteau sacré. »

Ce qui prouve une fois de plus que les dieux, intraitables en d'autres occasions, se montrent de facile composition quand ils voient les mortels bien décidés à retrancher sur les frais du culte. Plus on leur donne, plus ils exigent, moins on leur offre, plus ils sont faciles à contenter.

***

Nul doute que la transsubstantiation ne soit le développement logique de la doctrine de la Rédemption. L'incarnation se complète par l'imponation. « Le verbe a été fait chair. » Puis il a été fait pain et pain de vie. Il ne suffisait pas que le Maître suprême descendît de son empyrée jusque dans le sein d'une femme, il fallait encore qu'il descendît dans l'estomac d'un chacun ; il ne suffisait pas qu'il eût été notre égal, ensuite notre serviteur et moins que notre serviteur. Afin de régénérer plus sûrement la matière humaine, on le transforma en objet de nourriture, on le livra à la consommation de tous et de chacun, et le voici qui est trituré par le mouvement péristaltique, imprégné de sucs digestifs, charrié par les vaisseaux chylifères, emporté par la circulation sanguine, toutes opérations nécessaires pour diviniser la substance humaine, et la rendre capable d'immortalité. On peut dire que l'idée a été menée jusqu'au bout. Ni la science ni la folie ne sauraient aller plus loin. Affamée, altérée de divinité, l'humanité a dit à son Dieu ce que dans leurs élans passionnés disent aussi la mère à son enfant, l'amant à son amante : « Je te mords, je te mange. »

***

Avant de donner au dogme de la transsubstantiation sa forme absolue et définitive, l'Église chrétienne mit des siècles à l'élaborer, plusieurs autres siècles à l'enseigner aux nations qu'elle berce sur ses genoux.

6

Elle a pleinement réussi, ayant fait accepter, en fait et en droit, tant aux illustres docteurs qu'à l'épaisse multitude, son étonnante doctrine :

Le pain eucharistique se transforme réellement et sans métaphore en chair et en os, en nerfs et en sang. Cette chair est esprit, cette chair est Dieu et non pas une petite partie de la divinité, mais la divinité tout entière. Le grumeau farineux d'il y a un instant se trouve avoir existé de toute éternité, avoir créé les astres roulant en leurs orbites immenses, être la concentration de l'univers et de ses prodigieuses étendues. De plus, ce Dieu se mange. On ne cesse de lui infliger la passion du Golgotha, la mort du Calvaire. Il ne vit que pour expirer, il n'expire que pour renaître. Est-ce utile, est-ce raisonnable ? N'importe, croyez seulement ! Ceci est la doctrine pour le triomphe de laquelle tant de pays ont été dévastés par les luttes intestines et les guerres étrangères, tant de populations massacrées, tant de villes détruites, pour laquelle tant de malheureux ont péri sur l'échafaud, tant d'infortunés sur le bûcher !

Est-il donc étonnant que dans les pays catholiques — en France, pour n'en citer qu'un seul — les réglements de l'armée prescrivent aux troupes de faire haie sur le passage du Saint-Sacrement ? (1885) En liturgie comme dans le langage populaire, l'hostie est désignée par l'appellation de « Corps de Dieu », d'ou le juron corbleu. A son anniversaire ou Fête-Dieu — l'hostie a un anniversaire — soixante jours après Pâques, on la processionne en grande pompe, avec deux compagnies de soldats pour escorte. Et franchement, on ne peut faire moins pour Dieu enchassé en son pain azyme, quand le souverain politique reçoit de plus grands honneurs civils et militaires.

Telle était la doctrine vraiment chrétienne ; ceux qui, à l'instar de Calvin et de Zwingle, ont voulu l'atténuer en dogmes, comparaisons, paraboles et autres manières de l'exprimer, ceux qui nient la « présence réelle » pour affirmer la « présence symbolique », n'ont fait autre chose que prouver leur médiocrité d'esprit et leur inconséquence. Ils se sont mis en dehors de la tradition et de la foi régnante, tout en réprouvant et maudissant la libre-pensée. Pour employer une comparaison qu'ils ne récuseront point, « ils ont coupé le moucheron pour avaler le chameau ».

Cette doctrine de la transsubstantiation est commune au deux plus grandes fractions de la chrétienté, à l'Eglise romaine orthodoxe, et à l'Eglise grecque non moins orthodoxe, qui l'a pleinement sanctionnée au synode de Jérusalem en 1672. L'Eglise anglicane accepta de l'Eglise romaine, sans modification apparente, le « très confortable sacrement du corps et du sang de Christ, notre nourriture spirituelle ». L'Eglise luthérienne hérita aussi du même dogme, mais appela consubstantiation ce que l'autre appelait transsubstantiation. Il s'ensuivit une controverse à laquelle on comprend seulement les injures que les polémistes se jetèrent réciproquement à la tête.

Quoi qu'il en soit, qu'il s'agisse de consubstantiation ou de transsubstantiation, ce dogme est la clef de voûte de tout l'édifice chrétien. Nous pouvons en croire Saint-François de Sales, une autorité certainement compétente, qui en son langage fleuri appelle l'eucharistie « mystère ineffable dans lequel les anges voudraient regarder, soleil des exercices spirituels, cœur de la dévotion, âme de la piété et centre de la religion ». Centre du christianisme assurément, tout comme la doctrine de la pierre philosophale est le grand secret de la magie. L'une transforme la farine en Dieu et Dieu en farine, l'autre change le plomb en or et l'or en plomb. La magie et la religion prétendent accaparer l'omniscience et l'omnipotence par la métamorphose *ad libitum* des substances les plus incongrues. Les deux sœurs ennemies ont même point de départ et même point d'arrivée, seulement l'une chemine par la droite et l'autre a pris la gauche. Leur principe identique, elles le développent, l'expliquent et l'exploitent, la religion suivant le mode spirituel et la magie suivant le mode matériel. Chacune peut le revendiquer comme lui appartenant en propre. Seulement on est bien obligé de reconnaître que l'Eglise étant en possession du pouvoir et de la richesse, ayant la direction officielle des esprits, a fait porter sur son sujet favori les méditations de ses plus ingénieux docteurs et professeurs et toute la force philosophique du moyen-âge, tandis que la magie, même la magie blanche et l'alchimie, n'ont été cultivées que par des individus isolés, généralement mal vus et suspects, qu'on enfermait souvent, qu'on torturait et brûlait de temps à autre. L'Eglise avait l'instinct de la situation, elle sentait confusément ce qui n'a pas manqué d'arriver : de l'alchimie devait naître la chimie.

Toujours est-il que la transsubstantiation qui, chez Saint Irénée n'était qu'une opinion encore confuse, devint conviction chez Grégoire-le-Grand, puis certitude chez Paschas, Radbert et Béranger, et enfin dogme prouvé et archiprouvé pour Lamfranc, Innocent III et Saint-Thomas d'Aquin. Cette doctrine fut, elle est toujours, ce que le christianisme connaît de plus sublime et de plus profond. On ne pouvait trop s'extasier. Quoi ! manger une pâte, c'est manger en même temps la viande et les os du Galiléen, fils de Marie, s'incorporer l'essence de la divinité ! D'un coup de langue, on avale l'Etre suprême, on absorbe la Providence, la substance du mangeur et du mangé venant à se confondre. Dieu se perd dans l'organisme du pécheur, s'identifie à lui... Comment ne pas s'abîmer dans une contemplation béate, entrecoupée des cris d'une admiration contrite : « O altitudo ! altitudo ! »

Tout à coup surgit un géomètre tourangeau qui ébranla jusque dans ses fondements l'immense cathédrale gothique. Comment ? Par l'affirmation claire et résolue d'une irréconciliable opposition dans les propriétés de l'esprit et du corps. La science moderne est sortie tout entière de la proposition de Descartes que la matière est inséparable de l'étendue, qu'aucun corps ne peut être infini puisqu'ils sont tous liés aux lois de l'espace.

A vrai dire, la proposition était alors d'une périlleuse hardiesse. Duhamel et autres orthodoxes accusèrent d'impiété et de damnable hérésie le philosophe qui se mettait ainsi en contravention flagrante avec la doctrine de l'ubiquité acquise au corps de Christ, le philosophe assez osé pour nier que la matière du saint sacrifice est renfermée dans une petite boîte mais déborde la terre et les cieux ; pour nier qu'elle existe en même quantité dans un seul exemplaire et dans un million ; pour nier que sa moindre molécule soit aussi grande que son absolue totalité. Franchement on ne pouvait tolérer cette révolte. Aussi quoi qu'aient pu faire les cartésiens, Rome n'a point déserté son principe fondamental. Elle maintient toujours sans hésiter que la gaufrelette, mince comme papier, contient un homme, contient trois personnages divins.

D'ailleurs, elle ne pourrait accepter de modification sur ce point, sans se mettre en contradiction avec elle-même, sans déclarer mensongères ses affirmations mille fois imposées, dix mille fois répétées. Nombreuses sont les histoires dûment et valablement certifiées d'hosties dérobées qui ont été découvertes par la brillante lueur qu'elles émettaient. Déjà Saint-Cyprien racontait le cas d'une dame qui, mue par une curiosité mélangée d'incrédulité, avait emporté chez elle le pain sacré et fut surprise autant qu'effrayée quand elle vit des rayons s'échapper de son armoire par les fentes et le trou de la serrure.

La coupe est placée à droite de l'hostie, explique le pape Innocent III, afin de recevoir le sang qui coule perpétuellement de la blessure ouverte par le soldat Longin dans le flanc du Sauveur. Ces arguments sont décisifs dans l'espèce.

XI

MAGISME DE L'EUCHARISTIE

Opus operatum, Ordalie, Remède

D'honnêtes libéraux trouvent à redire que l'eucharistie opère magiquement, ou, pour employer un mot théologique plus décent, par les vertus de l'*opus operatum,* ils voudraient que le pain sacré ne fût « agissant » que par la foi du fidèle qui l'ingère. Mais l'Eglise a prononcé, de son autorité souveraine elle a imposé silence aux controversistes et malcontents. Au Concile de Trente où le dogme a été discuté à fond, les dominicains et franciscains, qui se battaient comme chiens furieux sur tout le reste, se sont trouvés d'accord sur le point principal, à savoir que la grâce et la foi sont les résultats, non la cause efficiente du sacrement. Si la foi précédait l'action miraculeuse et devait en être la condition indispensable, le Créateur n'aurait de pouvoir que par la bonne volonté de sa créature, le miracle dépendrait de l'homme et non point de Dieu. Pas plus que l'émétique ou la strychnine, l'hostie ne requiert pour agir l'assentiment de la personne. Dans la consécration du pain, rien n'est abandonné au sentiment, à la dignité morale, rien à la sincérité et à l'honnêteté du cérémoniaire qui peut être un pervers et un scélérat, sans que l'hostie en souffre le moins du monde. Pourvu que les paroles sacramentelles sortent distinctes de la bouche du prêtre valablement consacré, Dieu est panifié, le pain divinisé. La manipulation ne laisse pas que d'être délicate, il faut bien qu'elle soit digne de la messe, triomphe de la discipline, de la messe dans laquelle l'officiant doit exécuter de huit à neuf cents mouvements suivant la consigne, avec la précision mécanique du soldat exécutant la charge en douze temps, ou du canard automate de Vaucanson. Mais ces détails minutieux, ces précautions, ces marques de respect sont « rites intégrants, non essentiels » pour employer la phraséologie technique. Dite consécration serait valide, le consacrant n'eût-il pas même pensé à ce qu'il faisait en prononçant les paroles sacramentelles. Bien plus, des docteurs ont enseigné — et l'Ange de l'Ecole ne les contredit pas : « A un prêtre qui va par les rues de la ville, s'il prend la fantaisie de transformer en Christs tous les pains des boulangers, tout le vin des auberges et guinguettes, il n'a qu'à émettre à intelligible voix la formule bien connue. » Quand même il n'y aurait à la chose ni nécessité, ni utilité, et quand même le mauvais prêtre aurait l'intention d'outrager Notre-Seigneur et de le tourner en dérision, le miracle n'en aurait pas moins lieu.

Ce qui n'empêche que, dans la pratique, les prescriptions de la recette ne soient très sévères. Ainsi, c'est une question de savoir s'il est permis d'employer dans le pétrissage de la pâte une eau qu'on aurait distillée pour la rendre plus pure ; il faut surtout que les paroles opérantes soient prononcées d'une façon absolument correcte sous peine de nullité. Des bredouillements et zézaiements feraient rater l'opération. Si au lieu d'articuler nettement et distinctement : « *Hoc est corpus* », début de la formule, on se mettait à bégayer, le pain resterait pain, d'où le mot de *Locuspocus* pour désigner les incantations bêtes et maladroites des apprentis magiciens et charlatans. Mais, quand le charme a été confectionné selon toutes les règles de l'art, très simples d'ailleurs, l'effet est immanquable, l'*opus operatum* suit son cours. Voici un fusil bien et dûment chargé et qu'on fait partir, qu'importe à la balle les bonnes ou mauvaises intentions de qui l'envoie, les vices ou vertus de qui la reçoit !

Hostie en main, un Juif, un Juif lui-même, peut opérer des miracles. Les chevaliers germaniques expulsèrent les Juifs de leur province de Prusse sous couleur que l'un de ces mécréants, se servant de pain bénit comme d'un appât, avait pris énormément de poisson. Plus d'un incrédule sur son lit de mort a eu le « pain des anges » violemment enfoncé dans la gorge, afin qu'il mourut chrétiennement, même malgré lui. Aux Utraquistes, dans la terrible guerre qui laissa la Bohême pour morte, aux Utraquistes prisonniers, on jouait le bon tour de leur ouvrir la mâchoire avec un couteau et on leur enfonçait dans la gorge le saint-sacrement sous l'espèce unique.

Ici, on impose, là, on prohibe. En Allemagne et dans le comté de Galles, il n'était pas rare d'entendre des ivrognes se battant dont l'un disait à l'autre : « Tu sais maintenant que je hais et te défends de sainte-hostie jusqu'à l'article de la mort ! » Car c'est une croyance assez répandue, vu les termes mal compris de la liturgie, qu'il suffit de détester quelqu'un pour lui retirer tous les avantages que confère le pain de la communion et, pour reprendre la comparaison de tout à l'heure, c'est comme si on lui avait mouillé la poudre du fusil.

La foi, la bonne foi du communiant importe si peu au miracle que l'hostie opère même sur des objets inanimés. Que dire de plus ! Les brûleurs d'eau-de-vie n'ont qu'à mettre une oublie consacrée sous leur alambic pour augmenter le rendement en alcool. Il suffit d'en colloquer une dans un trou pour que la maison prospère, de la cave au grenier. Et les joueurs d'introduire sous la nappe de l'autel les numéros qu'ils porteront à la loterie et qui ne manqueront pas de sortir avec prime.

Bien plus, la magie noire contraint le bon Dieu à opérer, bon gré mal gré. Ainsi, dans les blessures dangereuses, quand les moyens connus en pharmacie ne peuvent arrêter le sang, il faut prendre un chaume de la chaumine de ses pères, le piquer dans une hostie avec d'épouvantable jurons, puis le mettre en travers du sang qui s'échappe : recette de lansquenet suisse ; elle est bien du crû.

L'hostie, a-t-on dit, se refuse à fondre dans la bouche des grands pécheurs. Nous n'en croyons rien ni l'Eglise non plus, mais, si le fait était vrai, il serait à l'avantage de quelques scélérats qui ne communient que pour faire semblant, glissent l'hostie dans leur mouchoir, pour la manipuler ensuite, la triturer, la faire servir à leurs détestables pratiques. Ainsi cuisinant, ils tiennent Dieu captif, l'enrôlent malgré lui dans l'armée du noir Satanas. Les chasseurs, espèce Max du *Robin des Bois*, chargent l'hostie, subrepticement obtenue, dans leur carabine, fadée désormais. Courant les guérêts, ils n'ont plus qu'à dire : « Lièvre ici ! » et lièvre de montrer ses oreilles, « Lièvre fixe ! » et lièvre de se tenir coi, attendant la volée de plomb.

Les mandements épiscopaux ont fréquemment tonné contre les « incantatrices » qui sur des hosties et *agnus Dei* écrivaient des mots, gravaient certains signes. Telle sorcière fait concourir à sa consécration par le diable les vertus de l'hostie de Pâques ou de Noël, plus puissantes que celles des simples dimanches. Pour acquérir la malice du mauvais œil, il suffit de toucher à la sainte table de propos délibéré ou de regarder l'ostensoir de travers. D'aucuns, le pain eucharistique encore à la bouche, claquent d'un fouet derrière l'autel, effronterie qui les met en grand honneur auprès des habitués et habituées aux orgies de la Walpurgis. On accusait le Christ de chasser les démons par l'assistance de Belzébuth, et il demandait si Satan était divisé contre lui-même. Qu'eût-il dit à ceux qui se servent de son corps, de sa chair et de son sang, pour faire des diableries et jeter de mauvais sorts ?

***

Par la vertu de l'Eucharistie, le fidèle s'identifie à Dieu ; par la participation à la même nourriture mystique, le Créateur et la créature deviennent un même esprit. A l'instar de l'homme et de la femme qui, par le sacrement du mariage, deviennent une même chair, on se rappelle que celui qui mange indignement le corps du Seigneur mange et boit sa condamnation. On en a déduit, avec une logique rigoureuse, que, pour savoir si des gens étaient innocents ou coupables, dignes ou indignes du sacrement, on n'avait qu'à le leur faire prendre et à attendre les résultats. Les docteurs en théologie ont minutieusement prescrit la procédure qu'il fallait dans le jugement de Dieu par la sainte Eucharistie ou par le pain bénit ; ils insistaient fort sur une précaution essentielle : il ne fallait pas que l'accusé se fût confessé récemment, parce que l'absolution obtenue du prêtre, en réconciliant avec Dieu le malfaiteur, aurait pu le mettre en état de prendre le sacrement sans effet fâcheux. Sous cette réserve, la cérémonie dite *panis conjuratio* se faisait avec solennité et grand'pompe. Les parties adverses étaient admises en présence chacune d'une once de pain d'orge ou environ ; et on les chapitrait : « Prenez garde, prenez garde ! Qui mange de ce pain en faisant parjure est un assassin du Seigneur Jésus, *reus erit corporis et sanguinis Domini,* il mange sa condamnation ; la malédiction lui entrera au ventre et l'étouffera : *judicium sibi mandicat.* La chair bénite pour l'innocent tournera en poison dans l'estomac du coupable. Le criminel pâtira, tremblera, une sueur froide lui viendra au front : ce sera la preuve du forfait. »

La littérature du moyen-âge abonde en récits qui vantent l'efficacité du système. Une fois, c'était un prêtre coupable qui approchait de ses lèvres souillées les saintes espèces, quand une colombe blanche entra soudain par la fenêtre dans le prétoire, but le vin, emporta l'hostie et disparut... Le Saint-Esprit, la troisième personne de la Trinité, était descendue du ciel pour empêcher l'acte sacrilège. Une autre fois, c'était un moine qui, se parjurant avec un front d'airain, avala l'hostie comme si elle n'eût été qu'un vulgaire pain à cacheter, quand Notre Seigneur, indigné d'être logé dans les entrailles de cet impudent, lui sortit par le nombril ; et l'hostie était tout aussi blanche, tout aussi pure que dans l'ostensoir.

Il est évident que, de toutes les ordalies, celle qui consistait à avaler un peu de pain bénit était la moins dangereuse et celle qui faisait le moins souffrir la chair. Aussi le clergé eut-il le bon esprit de ne point en accepter d'autre, mettant en avant le motif, très plausible d'ailleurs, que cette procédure était la mieux appropriée à leur sainte profession. Pour prouver leur innocence, tandis que les nobles ferraillaient à grands coups d'épée, que les manants se faisaient jeter à l'eau, que les laboureurs marchaient pieds-nus sur des socs de charrue rougis au feu, les hommes de Dieu s'en tenaient sagement à la déglutition de leur gaufrette. Longtemps les populations anglo-saxonnes se tinrent aussi de préférence à cette épreuve et firent bien.

Il est curieux d'observer que la théorie de cette épreuve, dite du *corsnaed*, est en tous points semblable à celle du « gâteau de jalousie », épreuve judiciaire que la loi de Moïse imposait à la femme accusée d'adultère : le gâteau était mis à fumer sur l'autel, pour que son odeur pénétrant jusqu'à l'Eternel réveillât sa mémoire.

Les Fantis, nègres de la Guinée, ont leur Brafou fétiche. Le prêtre leur fait prêter serment, et, en leur donnant à manger d'une certaine pâte, leur explique que Brafou y est enfermé et qu'il entrera dans leur corps et leur substance. Ainsi introduit dans la place, Brafou exercera, s'il y a lieu, « sa vengeance jusque dans leur sang et dans leurs moëlles ».

Les Cinghalais qui se disputent un terrain mangent devant le juge du riz récolté sur le champ en litige ; il ne doutent pas que le riz ne se refuse à séjourner paisiblement dans le corps d'un menteur.

La même pratique existe dans l'Inde. Après de sombres incantations, on fait avaler au prévenu des graines de riz, qu'il devra, bientôt après, cracher sur une feuille de pipul. Il est déclaré coupable s'il se met à frissonner, si les commissures de sa bouche viennent à enfler, si sa salive s'injecte de sang.

Les nègres n'ont d'autre raison quand, dans leurs prestations de serment, ils mangent d'une substance fétiche, au milieu d'incantations religieuses. Ils vous diront que, s'ils se parjuraient, le fétiche leur deviendrait poison dans l'estomac.

Nous ne voulons pas nier, encore moins déguiser, que l'ordalie n'arrive à être en contradiction manifeste avec plusieurs applications du principe cardinal de l'*opus operatum* dans l'Eucharistie, et ce n'est pas la première fois que nous rencontrons des incompatibilités dans la doctrine officielle. Nous avons à exposer la croyance, sa genèse, ses divers développements et, s'ils ne s'harmonisent pas tous, il ne nous importe, pourvu que l'incongruité ne soit pas de notre fait. Même les contradictions sont fatales dans les doctrines que de vastes collectivités ont embrassées avec ardeur pendant un long temps et qu'elles ont travaillées tantôt dans un sens, tantôt dans un autre. A la fin, elles se trouvent représenter ces collectivités elles-mêmes ; l'ingéniosité abonde, mais non pas le bon sens, la logique est forte dans les détails, mais faible dans l'ensemble. Car la faculté synthétique n'est pas le don de tous, même à un degré très restreint ; elle est rare. Il ne peut exister d'homme ayant un génie assez vaste pour embrasser d'une façon adéquate les aspirations et désirs de l'humanité, le souvenir de ses expériences. Voilà pourquoi nous sommes obligés, même avec les meilleurs intentions, de nous critiquer et condamner les uns les autres. *Et tradidit mundium disputationibus.*

***

Dès les premiers temps de l'Eglise, les nourrissons malades furent traités au pain eucharistique qu'on leur faisait sucer pour en extraire le divin sang. Les Amharras d'Abyssinie, qui communiaient toujours sous les deux espèces, administrent encore à leurs enfants le sang du Christ, concurremment au lait maternel, ce qui ne peut manquer de les préserver de maladies et de leur faire bon caractère et robuste tempérament. « Que le corps de Notre Seigneur Jésus-Christ, qui a été donné pour toi, te préserve, âme et corps, pour et jusqu'à la vie éternelle », dit l'office liturgique de l'Eglise anglicane.

Le pain d'éternelle vie, figuration de l'Eternel, est, pour les privilégiés qui en mangent, un réservoir d'énergies propices, une source toujours jaillissante de vigueur et de santé. Panacée dans laquelle on a longtemp cherché le secret de la pierre philosophale et de l'élixir de longue vie, l'hostie, nourriture perpétuelle, est la condition préalable de l'immortalité, qui est la vie à son maximum de puissance. Sur ce point comme sur tant d'autres, le Dieu chrétien a suivi les traditions des Dieux de l'Olympe, qui, jaloux de leur éternelle durée, n'ont pas voulu que les hommes y participassent avant d'avoir goûté la mort.

Ceci nous rappelle par contraste ou par analogie qu'à Péking les exécuteurs des hautes œuvres se font un bénéfice à vendre les boulettes de pain qu'ils ont trempées dans le sang des criminels. Ces criminels, ils les garantissent avoir été vigoureux, en pleine jouissance de leurs facultés physiques et intellectuelles jusqu'au moment de la décapitation. Les « pains de sang », comme on les appelle, passent pour être imprégnés d'une vitalité de premier ordre et pour être un remède souverain dans les cas de phtisie et de dépérissement. Les femmes enceintes s'en montrent particulièrement friandes.

Dès le quatrième siècle, et même auparavant, on peut constater que le Saint-Sacrement s'était déjà substitué à Esculape. Ce qui purifiait l'âme, pensait-on, ne pouvait manquer de purifier le sang et toutes les humeurs peccantes de l'organisme, théorie qui fait toujours article de foi dans les bourgades de la Grèce, où l'on entend dire : « L'enfant était malade parce que les Elfes lui avaient jeté des pierres ; on lui fit donc prendre la sainte Communion trois dimanches de suite... »

Grèce par ci, France ou Russie par là, nos campagnards tiennent toujours les oublies consacrées, et principalement celles qui viennent d'un lieu de pèlerinage, pour le plus puissant et le moins coûteux des remèdes. Plus d'un ne croirait pas rester en santé si, deux fois l'an, il ne se purgeait et ne se confessait avant que de communier. En cette manière comme en toutes les autres, les opinions varient. Tantôt on ne croit pas pouvoir prendre Dieu trop souvent, tantôt on recule la cérémonie le plus tard possible ; ici on est persuadé que le viatique prolonge la vie, là on sait qu'il hâte la mort. La contradiction n'est qu'apparente, nous ne tarderons pas à l'expliquer.

Pour que l'hostie agisse plus efficacement, on recommande, ou plutôt l'on enjoint de la prendre à jeun. Elle peut être absorbée par procuration. — Exemple : le père ou la mère la prennent à l'intention d'un enfant qu'ils veulent guérir de crampes ou convulsions, ou même qu'ils veulent empêcher de tomber malade.

Le principe de la vie étant identique pour tous les animaux, doués ou non d'une âme immortelle, on médicamente le bétail avec du pain bénit à la Chandeleur, et mélangé de sel, de craie ou mieux encore de phosphate de chaux. Les dévots se croiraient coupables d'un affreux sacrilège s'ils faisaient manger le « corps de Dieu » à leurs bêtes, mais ils se permettent de le leur faire toucher et de s'en servir pour des passes magnétiques. On guérit veaux et chevaux rien qu'en leur donnant à boire dans un soulier qu'on a porté un jour de sainte Communion. Les habits qu'on a revêtus un jour de grand'messe sont imprégnés de vertus magiques. La mère qui vient de se livrer au divin repas allaite encore une fois son enfant et le sèvre ensuite sans la moindre peine, et, si le nourrisson souffrait d'une angine, elle le guérirait en lui soufflant dans la gorge.

Ce pain, qui est fait de la chair d'un Dieu, est une nourriture à nulle autre pareille. La *Légende dorée* fourmille d'exemples de béats anachorètes qui ont vécu mois et années, en se privant d'autres aliments que celui des saintes espèces. L'historien suisse Johann Müller raconte, en ayant l'air d'y croire, que le patron de l'Helvétie, Saint-Nicolas de Fluh, ou du Rocher, aurait vécu vingt années sans prendre autre chose que des hosties dont il n'abusait certes point, puisqu'il lui suffisait d'en absorber une par mois, et avec cela c'était un gaillard que notre Saint-Nicolas, qui donna dix enfants à sa femme et pourfendit la tarasque des monts helvétiques.

XII

LE GRAIN DE BLÉ

SYMBOLE DE RÉSURRECTION

En tous temps, d'innombrables multitudes auxquelles il coûtait de mourir ont soupiré après la renaissance. Les multiples métamorphoses du grain qu'on transforme en liqueur enivrante, ou qu'on voit renaître, ainsi qu'il semble, du sein même de la tombe, devaient apparaître à ces âmes altérées d'immortalité comme le symbole le plus frappant — quoi ! comme la preuve de la résurrection, comme sa meilleure promesse. Quand on le brasse, le grain entre en germination, puis en fermentation, après que le germe a été comme tué et foulé aux pieds. La substance étant dissoute et comme fluidifiée, l' « esprit », les arômes se dégagent de la matière épaisse, glutineuse et féculante dans laquelle ils étaient enveloppés, et donnent naissance à la liqueur fraîche et enivrante, découverte par les industrieux Egyptiens, dont le secret a été surpris par les Phéniciens, transmis aux Grecs, Romains, Gaulois et Germains, à mainte tribu restée à demi-sauvage pour tout le reste. Les poésies populaires, parmi lesquelles la ballade écossaise de John Barleycorn est la mieux connue, célèbrent avec enthousiasme la passion, les vertus et la gloire de Grain d'Orge, autre Bacchus, mais plus humble, et comme lui né deux fois, comme lui mourant à demi brûlé, pour renaître superbe, transfiguré, non moins puissant que délicat et subtil, aimé d'Odin, comme l'autre de Jupiter, de Jahvé, des hommes et des génies.

Depuis que l'homme a été mis en possession de la précieuse céréale grande nourricière, il n'a cessé de contempler avec étonnement et vénération le prodigieux mystère de la mort et de la renaissance du blé. Les pontifes romains adressaient leur culte à Tellumo, force mâle du sol, Tellus, force femelle, Altor, le Nourricier, Russor, le dieu qui reprend, Rusina, la déesse qui renouvelle, tous et toutes s'occupant de l'épi de blé et donnant leur nom à l'un des moments du grand phénomène. On ne savait quel il fallait le plus admirer, mais ce qui plongeait dans les plus longues réflexions était de voir le grain déposé en terre, enseveli à la façon d'un mort. Dans la terre obscure et humide, dans la terre, tombe et matrice, le cadavre se désagrège et se corrompt. Puis, après une attente longue et anxieuse pour le laboureur, la dépouille du petit corps s'ouvre et se fendille sous l'action de la gemmulle, des radicelles. Il sourd un point rosé, puis des pousses vertes se dégagent ; frondaison, floraison, fructification se succèdent en leur temps. Le grain revit, bien mieux, il se multiplie dans une progéniture en tout semblable à lui. Saison après saison, siècle après siècle, le processus se répète ; le blé est immortel, mais à la condition de passer par une succcession de morts ou plutôt de léthargies, traversée par des rêves créateurs, merveilleusement agités. Comment le blé n'aurait-il pas été pris pour symbole de la vie qui persiste à travers la mort ? Le grand thème des Eleusinies et mystères orphiques a été repris au nom du christianisme par l'apôtre Saint-Paul, qui expliquait avec une conviction émue et une chaleur communicative que « l'homme, semé corps corruptible, devait renaître corps incorruptible, et qu'après avoir traversé la corruption, il revêtirait l'immortalité ». — « Ce que tu sèmes, s'écriait-il, n'est point vivifié s'il ne meurt ! » Puisque le blé reprend vie et germe à travers sa tombe, comment l'homme pour qui est fait le blé ne reverdirait-il pas à son tour !

« Ta fleur renaîtra, assurément elle renaîtra », promettait le rituel funéraire des Egyptiens à l'homme juste qui, se sentant mourir, tristement regardait le soleil descendre entre deux montagnes et disparaître derrière la chaîne Lybique. Pendant de longs siècles, les morts étaient réputés se livrer à la culture aux Champs Elysées, et le grain mystique qu'ils semaient et qui croissait dans le sépulcre n'était autre que la semence d'immortalité dans leur corps, que le germe d'éternelle justice augmentant et se multipliant en leur âme. Osiris qui, jadis, était venu vers les hommes leur apportant un épi dans chaque main, Osiris qui s'était identifié avec le blé, comme fit aussi Saturne, le Dieu de l'Age d'Or, comme firent aussi Mondamin et Quetzalcoatl avec le maïs, Osiris nourrissait aussi les âmes comme il avait nourri les estomacs, il faisait germer son corps qu'il donnait aux saints et aux justifiés, aux Osiriaques. Cet

Osiris qui se donnait lui-même à manger, comme devait faire plus tard son imitateur juif qui institua la pâque chrétienne, était représenté par une petite statuette phallique emplie de grains, dont la nécropole de Thèbes a fourni de nombreux échantillons. On sait que la plupart des momies tenaient dans leurs mains des poignées de blé ; et même on affirme communément que ces grains, semés par manière d'expérience, auraient levé et fructifié et nous auraient rendu la belle espèce égyptienne, qui, depuis les temps antiques, aurait été perdue ou aurait dégénéré. Quoi qu'il en soit de cette assertion, contestée par des botanistes éminents, les grains de blé ne perdent pas avant un long temps leur faculté germinative. Les Pyramides tirent sans doute leur nom des blés qui y avaient été déposés en même temps que le corps des Pharaons ; cette appellation serait une périphrase euphémique. Les Thraces et les Hellènes désignaient semblablement les greniers et les lieux de sépulture et, au dire des Etrusques, la porte de l'Hadès ouvrait sur une montagne de froment. Dans les chapelles des cimetières catholiques, il est assez fréquent de voir asperger les bières d'eau bénite avec un goupillon fait d'épis tressés. Les paysans de la Bohême et de la Moravie affirment que l'âme ne trouvera pas le repos avant que n'ait pourri la paille sur laquelle le défunt a rendu le dernier soupir, paille qu'il faut répandre sur un champ de blé. Les Ruthènes et Polonais de la Galicie jettent toujours des grains de blé sur le mort qui est étendu dans son cercueil. Aux Antilles, les Espagnols trouvèrent, empaquetés dans leurs pots ou corbeilles mortuaires, des Caraïbes avec des épis de maïs dans leurs mains momifiées. Les sépultures péruviennes, celles d'Ancon et du Gran Chimoù, ont montré des milliers de squelettes, enveloppés de leur bandages, ayant devant eux de petits sachets de maïs pour leur consommation personnelle, quelques-uns des grains rôtis que des personnes qui en ont fait l'expérience nous assurent être restés parfaitement mangeables, et d'autres à l'état de semence, comme promesse tangible du retour à l'existence. A la mort du père de famille, les Battas de Java sèment du riz et jusqu'à ce qu'il ait fructifié le corps est gardé à la maison. Puis le fils ouvre le cercueil, y jette la graine nouvelle, y fait tomber un rayon du soleil vivifiant; après quoi il le referme et l'enfouit ; et, comme dernière précaution, complante la tombe de marmo u sets munis de phallus puissants.

CONCLUSION

Les croyances et superstitions relatives au pain sont tellement nombreuses et variées que nous ne prétendons pas avoir fait autre chose que les effleurer. Le filon que nous avons entamé est riche, il mène avant dans le cœur de l'humanité, dans la connaissance de ses aspirations les plus délicates et profondes. C'est qu'il n'est pas de question plus importante que celle de l'alimentation ; chaque jour elle se dresse aussi impérieuse, aussi absorbante que la veille ; à des multitudes il faut chaque matin la résoudre ou pâtir, sinon périr. Autour du plus concret des problèmes, les plus abstraits se sont groupés le plus naturellement du monde ; et c'est parce que l'homme doit vivre de pain qu'une voix bien connue s'est écriée que l'homme ne vit pas de pain seulement.

Sans qu'on y ait même pris garde, il s'est trouvé que les faits d'expérience journalière concernant la nourriture et les moyens de se sustenter ont été transportés dans le domaine spirituel et, grâce à quelques modifications dans la phraséologie, ont passé pour de sublimes spéculations métaphysiques. Une fois qu'ils ont été traduits dans le langage de l'Ecole, on a oublié leur origine et leur signification première ; on les a traités comme des propositions qui auraient été formulées par la raison impersonnelle, ou par des esprits en dehors de notre globe. De même Minerve fut dite sortie du cerveau de Jupiter, haute et fière, casque en tête, lance en main.

Nous prétendons, au contraire, que la philosophie du passé a les plus modestes origines, origines qui n'en valent pas moins pour être réelles et n'avoir rien de fantaisiste. Toutes absurdes qu'elles puissent être, les superstitions portent avec elles leur enseignement pour les ethnologistes et mythologistes, non moins qu'en anatomie les monstruosités et les arrêts de développements. Croyances abandonnées et rejetées par la population plus ou moins instruite, mais obstinément conservées par les arriérés, elles n'ont rien de l'arbitraire que leur attribuent ceux qui, en ayant perdu la clef, les déprécient et les ravalent plus qu'il n'est juste. A leur moment, elles ont été chacune acceptée, hypothèse passant pour vraie, la réponse la plus probable que demandait l'esprit investigateur. Elles sont autant de jalons qu'a laissés l'intelligence sur la longue et pénible route vers la connaissance des faits et causes. Elles ne sont pas moins nécessaires à notre histoire morale qu'en zoologie les débris fossiles des espèces disparues.

On ne saurait trop réduire la part si largement faite jusqu'ici au hasard, à l'arbitraire et à l'accidentel. Qui accuse partout leur présence ne fait que dénoncer sa propre ignorance. Ces grigris et fétiches, ces amulettes de chamanes et d'hommes de médecine, ces superstitions d'angékoks et de bouri-bouri, ces religions de bonzes et talapoins ne nous paraissent niaises et purement imaginaires qu'en raison de la distance réelle ou apparente qui nous en sépare intellectuellement. Mais il n'est pas besoin d'être avancé dans l'histoire naturelle de notre espèce pour comprendre que toutes ces formes, devenues insolites, ne sont pas plus ridicules et monstrueuses en elles-mêmes que les figurations bizarres d'une multitude d'êtres inférieurs, que les débris paléontologiques qu'on appelait naguère encore « amusettes du Créateur » ou « joujoux de la Nature ». Les formes les plus excentriques sont le produit d'une énergie intérieure réagissant sur son milieu. L'huitre ne se moule pas sur son enveloppe pierreuse, quoi qu'il puisse sembler, pas plus que la cervelle sur la boite osseuse. Des mollusques et crustacés, les carapaces hérissées, les coquilles avec leurs volutes, épines, prolongements et contournements baroques et tourmentés, ne sont pas un produit de hasard, un vêtement de fantaisie qu'ils peuvent à volonté truquer contre un autre, mais une transsudation de tissus déterminés, une concrétion des organes intérieurs, opérant soit une adaptation au milieu, soit une réaction contre les entours. Il n'en est pas autrement de nos dogmes les plus étranges, de nos superstitions en apparence les moins justifiables. Il est possible en les étudiant attentivement de découvrir la raison de leur existence ; nous croyons même qu'il est indispensable de leur rendre pleine et ample justice si on veut en finir décidément avec elles et entrer une bonne fois pour toutes dans un ordre d'idées supérieur.

Car les mythes du passé recèlent le secret de l'avenir, et il n'est progrès décisif dans l'intelligence des choses que celui qui accompagne un progrès équivalent dans l'intelligence de l'homme. « Connais-toi toi même », telle est toujours la fin de toute science.

Table des Matières

DES PRESSES
DE L'IMPRIMERIE GÉNÉRALE
11, RUE CHISAIRE
MONS
GÉRANT : ALBERT HARVENGT

Editions de l'Imprimerie Générale

11, Rue Chisaire, MONS (Belgique)

JACQUES BRIEU. — La Philosophie et la Métaphysique sont-elles mortes ? (1 vol.)	fr. 1 »
COLINS — Qu'est-ce que la Science sociale (2e édition — 4 vol.)	» 20 »
ALEXANDRA DAVID. — Notes sur la Philosophie japonaise (1 vol.)	» 1 »
DOMINIQUE DE BRAY. — La Chaine d'or (1 vol.)	» 1 »
RAOUL DE LA GRASSERIE. — Du Fédéralisme (1 vol. hors commerce).	
CH. FÉNESTRIER. — La Vie des Frelons (histoire d'un journaliste) (1 vol.)	» 3 50
MAURICE GAUCHEZ. — Le Livre des Masques Belges, portraits de Franz Gailliard et préface de J.-Ernest Charles (1 vol.)	» 5 »
LÉON LEGAVRE. — Les deux Routes (poèmes) (1 vol.)	» 2 50
La Femme dans la Société (1 vol.)	» 3 50
Les Basiliques (poèmes) (1 vol.)	» 2 »
RENÉ LYR. — Georges Rens (1 vol.)	» 2 »
ABEL NOËL. — Les Idées du Père Bontemps (1 vol.)	» 2 »
JULES NOËL. — Pourquoi nous sommes Socialistes (1 vol.)	» 1 »
Un Philosophe belge. — Colins (1 vol.)	» 1 »
LOUIS PIÉRARD. — Un Sculpteur impressionniste : Medardo Rosso (1 vol.)	» 0 75
ÉLIE RECLUS. — Le Mariage tel qu'il fut et tel qu'il est (avec une allocution et une lettre d'ÉLISÉE RECLUS) (1 vol.)	» 0 50
La Doctrine de Luther (1 vol.)	» 1 »
LOUIS THOMAS. — Tableau d'un Cynique (1 vol.)	» 3 50
EMILE VANDERVELDE. — Les derniers jours de l'Etat du Congo, avec de nombreuses illustrations (1 vol.)	» 3 »

.·. Correspondance entre quatre amis à propos de la Science réelle. — Préface de JULES NOËL (1 vol. hors commerce).

MONS. — Imprimerie Générale, rue Chisaire, 11. — Gérant : A. HARVENGT.

www.ingramcontent.com/pod-product-compliance
Ingram Content Group UK Ltd.
Pitfield, Milton Keynes, MK11 3LW, UK
UKHW021232230726
13926UKWH00003B/1400

9 782016 155912